直播口才训练
人人都能带货

柏承能 ◎ 编著

清华大学出版社
北京

内 容 简 介

这是一本快速提高直播口才的实用工具书，书中结合130多个实例、三大板块内容为读者掌握主播实战方法提供了借鉴：第一个板块的内容主要包含主播角色扮演、直播聊天技能、打造人设技能和分析用户心理等内容，对主播要具备的基本素质及主播所要掌握的基本技能进行了详细的分析；第二个板块从灵活沟通、介绍宝贝、消除疑虑、激发购物欲望、消除抱怨、用户留存、好评获取和直播控场这8个方面解析了顶流主播的沟通表达秘诀；第三个板块则主要分享了售后沟通的技巧。

本书既适合从事各行业的客服人员、品牌商家、创业者和电子商务从业者参考、学习，也可以作为企业相关岗位人才的培训教材。

本书封面贴有清华大学出版社防伪标签，无标签者不得销售。
版权所有，侵权必究。举报：010-62782989，beiqinquan@tup.tsinghua.edu.cn。

图书在版编目(CIP)数据

直播口才训练：人人都能带货/柏承能编著. —北京：清华大学出版社，2023.6（2025.3 重印）
ISBN 978-7-302-63420-1

Ⅰ. ①直… Ⅱ. ①柏… Ⅲ. ①网络营销 Ⅳ. ①F713.365.2

中国国家版本馆 CIP 数据核字(2023)第 076301 号

责任编辑：	张　瑜
装帧设计：	杨玉兰
责任校对：	李玉茹
责任印制：	杨　艳
出版发行：	清华大学出版社
网　址：	https://www.tup.com.cn，https://www.wqxuetang.com
地　址：	北京清华大学学研大厦 A 座　　邮　编：100084
社 总 机：	010-83470000　　邮　购：010-62786544
投稿与读者服务：	010-62776969，c-service@tup.tsinghua.edu.cn
质量反馈：	010-62772015，zhiliang@tup.tsinghua.edu.cn
印 装 者：	三河市东方印刷有限公司
经　　销：	全国新华书店
开　　本：	170mm×240mm　　印　张：13.25　　字　数：252 千字
版　　次：	2023 年 6 月第 1 版　　印　次：2025 年 3 月第 5 次印刷
定　　价：	49.80 元

产品编号：099953-01

前言

在互联网高速发展的大时代，直播带货已经成为大热潮，从长远来看，进入直播带货行业仍然有着很好的发展前景，因此，越来越多的新人主播及创业者涌入了这个行业，以期抓住这一拨红利。其中，一些主播凭借自身的亮点，频频刷新销售纪录，成为许多人羡慕的对象。

对于没有带货口才、没有直播经验的人来说，在没有粉丝、没有个人 IP 加持的情况下，想要在直播带货行业从零开始卖货并且获得一定的成就是非常困难的。那么，新人主播以及创业者如何才能在直播带货行业中快速扎根，复制头部主播的成功之路呢？

对此，本书集合全网顶流主播直播的表达沟通精髓，并分享了 130 多个实例，揭秘了多位顶流主播年入百万的秘密，希望能给刚开始进行直播带货的新人以及创业者提供帮助。

具体来说，本书主要围绕主播必须具备的基本素质、带货口才提升技巧、直播聊天技能、人设打造技能、分析用户心理、学会倾听发问、巧妙拒绝让价、介绍带货宝贝、消除用户疑虑、营造直播氛围、促单技巧、消除用户抱怨、提高用户留存率、获取用户好评、维持直播秩序和售后沟通技巧等方面对直播的专业知识进行了深度的剖析，并结合实际案例为读者快速提升沟通能力、促单技巧以及直播控场能力提供了借鉴。

通过本书的学习，读者可以轻松地掌握直播带货的知识，提高表达能力。需要特别说明的是，不同场景使用的具体表达方式不同，各位读者可以根据实际情况加以变通。希望读者能够根据书中的案例举一反三，在不同场景下针对不同用户找到合适的应对方法，成为一名优秀的主播。

本书由柏承能编著，参与编写的人员还有卢海丽、高彪、胡杨等人，在此表示感谢。由于作者知识水平有限，书中难免有错误和疏漏之处，恳请广大读者批评、指正。

编　者

目录

第1章 端正态度：扮演好主播的角色 ... 1

1.1 主播与用户建立信任关系要做到的6个方面 ... 2
- 1.1.1 热情有礼 ... 2
- 1.1.2 尊重用户 ... 4
- 1.1.3 有责任感 ... 5
- 1.1.4 诚实守信 ... 6
- 1.1.5 充满自信 ... 7
- 1.1.6 价值观正确 ... 9

1.2 主播提高带货口才的基本技巧 ... 11
- 1.2.1 做好充分准备 ... 11
- 1.2.2 通过寒暄拉近距离 ... 13
- 1.2.3 表达清晰、准确 ... 15
- 1.2.4 不与用户争辩 ... 16
- 1.2.5 表明自己的立场 ... 17
- 1.2.6 使用生活化的语言 ... 18

第2章 掌握技能：获得用户持续关注 ... 21

2.1 直播聊天基本的技能 ... 22
- 2.1.1 心态积极 ... 22
- 2.1.2 多讲故事 ... 23
- 2.1.3 维护粉丝黏性 ... 24
- 2.1.4 激发用户表达 ... 25

2.2 直播打造人设的技能 ... 26
- 2.2.1 展示个人标签 ... 27
- 2.2.2 展示有趣的灵魂 ... 28
- 2.2.3 说话真诚实在 ... 29

2.3 提升销售能力的技能 ... 30
- 2.3.1 直击用户痛点 ... 30
- 2.3.2 提升产品的价值 ... 31
- 2.3.3 降低门槛突破防线 ... 33

第3章 分析心理：了解用户所思所想 ... 35

3.1 了解用户的常见心理 ... 36
- 3.1.1 从众心理 ... 36
- 3.1.2 逐利心理 ... 38
- 3.1.3 焦躁心理 ... 39
- 3.1.4 泄愤心理 ... 41
- 3.1.5 虚荣心理 ... 42
- 3.1.6 逆反心理 ... 44
- 3.1.7 疑虑心理 ... 45

3.2 解读用户心理完成直播带货 ... 47
- 3.2.1 满足用户的心理需求 ... 47
- 3.2.2 用情感牌打动用户 ... 48
- 3.2.3 不要随便拒绝用户 ... 50
- 3.2.4 把握心理，对症下药 ... 51

第4章 灵活沟通：构建良好直播氛围 ... 53

4.1 做好用户的倾听者 ... 54
- 4.1.1 站在用户的立场倾听 ... 54
- 4.1.2 正确回应用户 ... 55
- 4.1.3 摘要复述用户的话意 ... 56
- 4.1.4 观察用户，分析话意 ... 57

4.2 问清用户的痛点 ... 58
- 4.2.1 培养爱发问的习惯 ... 58
- 4.2.2 别带有苛责的意味 ... 59
- 4.2.3 发问应围绕核心主题 ... 60
- 4.2.4 不要"审问"用户 ... 61
- 4.2.5 语言要机动灵活 ... 62
- 4.2.6 善用刺激引导 ... 63
- 4.2.7 话不要说得太满 ... 65

4.3 不让价也能让用户欣然接受的技巧 ... 66

4.3.1　突出产品价格优势 67
4.3.2　强调产品物有所值 68
4.3.3　暗示产品供不应求 69
4.3.4　表示自己不能做主 70
4.3.5　用自己的不易博取同情 71
4.3.6　赠送赠品婉拒让价 72

第 5 章　介绍宝贝：提高用户购买兴趣 75

5.1　卖货的关键是做好产品描述 76
　　5.1.1　详细描述产品 76
　　5.1.2　凸显产品的优势 78
　　5.1.3　凸显自身专业性 80
　　5.1.4　使用得体的语言 81
　　5.1.5　有针对性地介绍 82
　　5.1.6　控制讲解的时间 83
5.2　介绍产品带货效果更好的技巧 84
　　5.2.1　用优惠增加吸引力 84
　　5.2.2　让用户具有选择的空间 86
　　5.2.3　善用对比突出价值 87
　　5.2.4　多强调功能利益点 88
　　5.2.5　欲扬先抑更显真实 89
　　5.2.6　巧妙利用共情语言 90

第 6 章　消除疑虑：让用户放心下单 93

6.1　对产品本身的疑虑 94
　　6.1.1　对产品质量的疑虑 94
　　6.1.2　对产品规格的疑虑 95
　　6.1.3　对款式是否过时的疑虑 97
6.2　对物流运输的疑虑 98
　　6.2.1　对发货时间的疑虑 98
　　6.2.2　对是否会损坏的疑虑 100
6.3　对售后服务的疑虑 101

　　6.3.1　对保修问题的疑虑 101
　　6.3.2　对退换货的疑虑 103
　　6.3.3　对问题处理时间的疑虑 104

第 7 章　激发欲望：给一个购买的理由 107

7.1　营造愉快直播氛围带动下单 108
　　7.1.1　巧用赞美 108
　　7.1.2　巧用抽奖 109
　　7.1.3　保持热情 110
7.2　在促单的同时给出买货理由 111
　　7.2.1　直接促单，提出下单建议 111
　　7.2.2　鼓励式促单，满足虚荣心 112
　　7.2.3　建议式促单，帮用户做决定 113
　　7.2.4　营造使用场景，激发购买欲 114
7.3　制造紧迫感激发用户购买欲望 115
　　7.3.1　强调促销的力度 115
　　7.3.2　制造短期的优惠 116
　　7.3.3　学会拿销量说事 117
　　7.3.4　用小舍换取大得 119
　　7.3.5　举例增强说服力 120

第 8 章　消除抱怨：增加用户的满意度 123

8.1　学会理解用户的抱怨 124
　　8.1.1　表示歉意 124
　　8.1.2　表示理解 125
　　8.1.3　表示感谢 126
8.2　消除抱怨的主要步骤 127
　　8.2.1　主动承认不足 127

8.2.2	安抚用户情绪	128
8.2.3	找到问题症结	130
8.2.4	配合解决问题	131

8.3 消除抱怨的常见技巧 132
- 8.3.1 多征询用户的意见 133
- 8.3.2 多种方案任选择 134
- 8.3.3 做出必要的保证 136
- 8.3.4 尽可能顺应用户 137

第 9 章　用户留存：获取更多的回头客 139

9.1 好的购物体验的打造方法 140
- 9.1.1 优化服务留下好印象 140
- 9.1.2 提供丰富多样的产品 142
- 9.1.3 了解需求及时做出调整 143
- 9.1.4 掌握热场技巧避免冷场 145
- 9.1.5 积极互动留住用户 146

9.2 保持用户留存率的技巧 148
- 9.2.1 提供等级化的服务 148
- 9.2.2 制定积分奖励机制 149
- 9.2.3 不定期地推送福利 150
- 9.2.4 利用品牌增强黏性 151
- 9.2.5 巧用回访增加联系 152
- 9.2.6 及时告知优惠活动 153
- 9.2.7 创建社群积极互动 154

第 10 章　好评获取：树立口碑提高销量 157

10.1 轻松获得无数好评的技巧 158
- 10.1.1 找准目标用户群 158
- 10.1.2 积极地进行引导 159
- 10.1.3 好评再购给优惠 161
- 10.1.4 许诺的事情要兑现 162
- 10.1.5 快速回复体现重视 163
- 10.1.6 用赠品让购物划得来 165

10.2 差评也能变好评的技巧 166
- 10.2.1 表达歉意 166
- 10.2.2 给出解释 167
- 10.2.3 适度诉苦 168
- 10.2.4 软磨硬泡 170
- 10.2.5 帮助退单 171

第 11 章　直播控场：维持秩序避免冷场 173

11.1 直播控场必备的表达技巧 174
- 11.1.1 常见问题回复的表达技巧 174
- 11.1.2 欢迎用户进入直播间的表达技巧 176
- 11.1.3 提问的表达技巧 177
- 11.1.4 感谢并引导用户的表达技巧 179
- 11.1.5 常用下播的表达技巧 180

11.2 直播控场的常见技巧 181
- 11.2.1 纠正表达的错误 181
- 11.2.2 正确处理吐槽 182
- 11.2.3 机智应对用户挑衅 183
- 11.2.4 节奏松弛有度 185

第 12 章　售后服务：提升用户的忠诚度 187

12.1 常见售后问题的应对方法 188
- 12.1.1 忘发货或发货不及时 188
- 12.1.2 少发货或者发错货 189
- 12.1.3 产品与描述差距较大 190
- 12.1.4 产品在运输时被破坏 192

12.2 解决售后问题的沟通技巧 193
- 12.2.1 及时着手解决问题 193

12.2.2 耐心倾听对症下药 194
12.2.3 态度友好积极配合 196
12.2.4 根据评估赔偿损失 197
12.2.5 礼貌道别获得好感 198
12.3 售后服务不可触碰的禁区 199

12.3.1 言语相激 200
12.3.2 推卸责任 201
12.3.3 拒不配合 202
12.3.4 放任不管 203

第 1 章

端正态度：
扮演好主播的角色

学前提示

　　主播应该为用户提供高质量的服务，给用户留下良好的印象。

　　这要求主播不仅要拥有一定的职业素养，端正态度，扮演好自己的职业角色，还必须提高带货口才。

要点展示

- 主播与用户建立信任关系要做到的6个方面
- 主播提高带货口才的基本技巧

1.1 主播与用户建立信任关系要做到的 6 个方面

主播通过直播与用户接触，主播在直播中的表现很大程度上决定了用户对产品的第一印象。因此，礼貌、热情是主播必须具备的基本素质。

如今，直播行业竞争激烈，产品琳琅满目，主播已经不再是一个被动解答用户疑问的角色。主播在沟通中需要掌握主动权，这不仅要求主播具备良好的服务意识和责任感，做到尊重用户，还要充满自信，有正确的价值观。

1.1.1 热情有礼

虽然直播带货的销售方式能够让用户在几分钟之内做出购买的决策，缩减产品的成交时间，但是由于主播与用户沟通的过程非常短暂，用户往往以沟通中对主播的第一印象来评估产品的好坏，有的用户甚至会根据主播的印象来评判对应企业或店铺的好坏。

因此，在短时间内，主播要想与用户建立起互相信任的关系有一定难度。面对这种情况，主播一定要把握好沟通的机会，向用户展现自己的热情有礼。

【案例展示】

直播刚开始，主播进行简单的自我介绍之后，没有和用户互动，便直接开始介绍产品。一些用户对主播介绍的产品很感兴趣，在直播间提了很多问题，主播却不予理会，导致很多用户产生了不满情绪。

一位用户问道："主播，我们提出的问题你不解答吗？"过了好几分钟，主播都没有回答这位用户的问题。这位用户非常不满，愤怒地抱怨："主播怎么不理人？""你向用户推销产品，不应该解答用户的疑问吗？""你们的服务态度这么恶劣，产品质量肯定也很差！"

这位用户的抱怨引起了其他用户的共鸣，于是越来越多的用户开始在直播间刷屏，纷纷指责主播服务态度恶劣、不理人。一些刚进入直播间的用户看到其他用户对主播的评价之后，直接退出了直播间。

以上为某主播在直播过程中遇到的情况，案例中的主播没有做到积极回复用户的问题，给用户留下了一个"服务态度恶劣、不理人"的印象。从中也可以看出，该主播根本不具备热情待客的基本素质。

不仅如此，在任何场合，主播只顾着自己说话，不理会对方的提问，都是一种不礼貌的行为。主播在直播过程中不仅不与用户互动，还对用户的提问不予理睬，这是用户产生不满情绪的主要原因。

【技巧解析】

1. 主动互动

主播在直播时不能处在被动服务的状态，应该积极主动地与用户互动，在讲解产品的过程中积极解答用户的问题。积极主动是热情服务的一种表现，体现了主播强烈的服务意识。

主播要想说服用户购买产品，就要为用户提供良好的购物体验，服务好用户。而在服务行业中，用户就是"衣食父母"，只有从思想深处意识到用户的重要性，才能积极主动地向用户展现自己的热情。主播要理顺主客关系，调整好心态，积极主动地回答用户的问题。

例如，当用户询问价格，而主播还没有讲解完产品的卖点时，主播可以先安抚用户："对不起，请稍等一下，大家对产品有个大概的了解之后，我会告诉你们价格，这个价格是我为你们争取到的优惠价……"一旦有用户抱怨主播不理人、不回复问题，主播必须先向用户道歉，说明没有回复问题的原因，然后再解答用户提出的问题。

2. 恰当语言，适度热情

主播在与用户沟通时，可以多用一些问候语。例如，主播在直播开始时向用户打招呼，可以用"你们好""我们又在直播间相见了"等话语向用户问好。

不仅如此，主播在回答用户问题的过程中，要避免用"是的""嗯""好的"等简单的词，这会给用户留下一个敷衍的印象。在分析问题并提出对策时，主播可以多征求用户的意见，让用户参与进来，这些都是显示热情与认同用户的表现，对活跃直播间的氛围非常有利。

但是，主播在热情地对待用户时，也需要避免出现对用户过度热情的情况。因为在没有了解主播的情况下，主播对用户来说只是一个陌生人，所以过度热情很容易让用户觉得主播过于功利，从而产生戒备心理。

面对这种情况，主播在直播时可以与用户多互动，先聊一些用户感兴趣的话题，再有针对性地讲解产品。当用户在直播间中频繁发问，互相讨论，表现出对产品的兴趣之后，主播就可以积极主动地向用户推荐产品，介绍产品的优势了。具体来说，主播要让用户不对自己产生戒备心理，必须做到以下两点。

(1) 不要因为急于推销而频繁地自言自语，要给用户适当的空间。

(2) 不要流露出太强的目的性，尽量少用类似"你买了绝对不会后悔""买到就是赚到""赶紧下单购买"等表达，以免给用户太大的压力。

1.1.2 尊重用户

很多主播的目光不够长远,他们在向用户推荐产品时,对用户尊重有加;一旦用户不购买产品,或用户下单的数量不多时,就对用户异常冷淡,这样的态度是不可取的。每位用户都需要被尊重,都需要获得认同,主播只有尊重用户,才能积累更多的粉丝,进而提高产品的成交率。

尽管很多主播都有自己的个性,但是在保持个性的同时,主播要保持对用户最起码的尊重,否则,主播就会失去用户的支持。这样一来,产品的销量就会受到很大的影响。在与用户沟通时,主播要重视并尊重用户,尽量满足用户的合理要求,让用户受益。

【案例展示】

某主播在直播间向用户推荐产品时,突然有位用户疯狂刷屏,对主播的小助理进行了言语上的攻击。主播的大部分粉丝表示该用户无缘无故骂小助理很过分,于是很多粉丝便质疑主播为什么没有维护自己的小助理。

该事件在网上引发的讨论愈演愈烈,后来该主播发文做出了回应。他表示,他的直播间是让大家挑选产品的,不是传递负能量的。工作人员受到伤害,他也很难过,但他认为作为公众人物,遭受一些恶言恶语是不可避免的。

不仅如此,该主播还在公众平台上发文称:"如果我直接骂那位抹黑小助理的用户,那么我的粉丝就很有可能会攻击这个骂人的人,这对他不公平,因为我们的影响力不同。"于是,很多用户都被该主播圈粉了。

案例中的主播虽然没有在直播间维护自己的工作人员,让该工作人员受到了人身攻击,遭到了粉丝的质疑,但是他在公众平台上的正能量的回应,让用户感觉受到了尊重。

主播没有回应那位骂人的用户,是为了避免该用户受到广大粉丝的语言攻击,所以宁愿和工作人员一起承受被恶言相向的委屈,这正是尊重、保护用户的表现。

【技巧解析】

1. 用户比变现更重要

很多主播总想着怎么让流量变现,但其实用户比变现更重要。当主播直播间拥有足够多的用户时,部分用户就会成为主播的忠实粉丝。如果主播迫不及待地在直播间里大做广告,必然会有损这些粉丝观看直播的体验,让粉丝感觉自己只是主播变现的工具,因而失去对主播的信任。

因此,主播应尊重粉丝、尊重广大用户,在直播带货时,主播可以先调查粉丝的偏好以及对广告的接受度,再做推广。

2. 取悦用户有原则

虽然主播和用户的关系好比甲方和乙方,其中一些忠实粉丝更是主播的"金主",主播自然是要取悦他们的,但是,这不等于主播要卑躬屈膝,无底线地迎合用户。取悦用户,需要建立在一定原则的基础上,让用户感到舒服。这种舒服应当体现在主播言谈举止上的礼貌、妆容外表上的得体、才艺上的专业和情绪上的不卑不亢,如果无底线地迎合用户,即便主播的人气再高,也不过是个小丑罢了。

1.1.3 有责任感

主播是商家或者企业提供良好服务的执行者之一,而作为服务执行者,主播必须有责任感,设身处地地站在用户的角度思考问题,这样才能感受到工作中自我存在的价值。不仅如此,主播还是一个公众人物,这要求主播要对自己所说过的每一句话负责。

如果主播没有责任感,就很难有坚持分享好产品的动力,而一旦主播失去了分享好产品的初心,所销售的产品就很有可能存在质量问题,导致带货的口碑受影响。这样一来,主播与用户建立的信任关系也将不复存在。

【案例展示】

主播在直播间内向用户讲解产品时,一位用户对主播推销的产品提出了怀疑。

用户:我在你的直播间买了一件衣服,拿到之后发现有一个地方开线了,这质量也太差了。

主播:亲,你是什么时候买的呢?

用户:前两天买的,昨天才收到货。客服说我已经洗过了,不给我退货。

主播:亲,我们家产品用的都是高品质布料,按理说不可能出现这种问题,可能是洗衣服的过程中导致的,你缝一下就好了。

用户:什么意思?你们家店铺的衣服有问题不给我退货就算了,还推卸责任?你就是不想给我退货,是吧?产品详情页里面不是说七天包退吗?你们这是在欺骗用户!

主播:女士,你这个不属于质量问题,可能是你人为损坏的。

用户:又不是我弄坏的,我干吗要弄坏自己的衣服?

主播:不好意思,退不了,这衣服你洗过了,吊牌拆了的物品我们店铺不接受退货,你找针线缝一下,不是什么大事。

以上为某主播直播时与用户沟通的部分内容,从案例中我们可以发现主播在沟通的上半阶段,对用户态度还算礼貌,但是在面对用户的质问时,却推卸责任,在交流过程中缺乏耐心,直接让用户吃了一个闭门羹。这种行为对用户非常不尊重,很有可能会对商家的信誉和自己的带货口碑产生极大的影响。

【技巧解析】

1. 负责任

当用户购买产品遇到质量问题时,主播要勇于承担责任。因为主播作为公众人物,与明星一样,会对一些用户产生潜移默化的影响,所以主播要以身作则,为粉丝树立一个负责任的形象。

例如,某主播在销售一款羊毛衫时"翻车"了,原因是该羊毛衫被检测为假冒伪劣产品。正当用户对该主播销售假冒伪劣产品议论纷纷时,该主播及其团队自查供货渠道并确认产品为假货后,不仅主动承担了责任,还对用户进行了赔偿。

主播在直播的过程中,难免会遇到个别用户在直播间内以各种理由来发泄自己的怒气。面对这种情况,主播应当立即采取行动,问清原因,或者引导用户与客服人员沟通,避免该用户所发表的言论影响自己和商家的口碑,或者影响其他用户做出购买决策。

2. 有耐心

有耐心的人能够保持不急不躁、不厌烦的心态。不管遇到的是焦躁的用户,还是有泄愤心理、逆反心理的用户,主播都不要因为失去耐心而影响直播。

面对用户的负面情绪以及语言上的攻击,主播必须顶住压力,调整心态,耐心与用户沟通,不能表现出不耐烦的情绪。

1.1.4 诚实守信

俗话说:"人无信不立。"人一旦失去了信用,便没有立足之地。主播向用户推销产品,谋求的是长久的良性发展,因此诚实守信非常重要。

主播作为店铺或产品的"发言人",一言一行都代表着商家或产品,因此,主播切不可失信于用户。

【案例展示】

用户:我觉得你推荐的产品还挺不错的,不过,我5天后急着用,想问一下,下单之后大概多久可以收到货?

主播:您放心,我们选择的是比较快的物流公司。一般情况下3天内可以送达。我可以保证,下单之后最多不超过4天,您一定可以收到产品。

用户:好的,那我下单了。

(几天后，该用户突然在直播间投诉主播。)

用户：你们这些骗子，我要投诉你们！

主播：亲，能告诉我发生了什么事吗？

用户：呵呵，你还好意思问。在我下单之前，我还特意询问多久可以收到货，你信誓旦旦地说 4 天之内可以送达。我竟然也相信了，结果等了差不多一个星期才到，你们完全是为了让用户下单而欺骗用户！

主播：非常不好意思，通常情况下，我们的快递确实是 4 天之内可以送到您手上的，但是这段时间正好碰上快递高峰期，运送速度确实要慢一些，希望您谅解。

用户：我不管那么多，既然你们承诺了就要做到。我这次是特意来告诉你一声，我要投诉你们！

以上为某主播与用户沟通的部分内容，案例中，用户在询问快递送达时间之后，主播为了让用户快速完成购物，做出了保证，结果承诺的事没有做到。用户对于没有在预期内收到产品非常愤怒，认为自己被主播欺骗了，便在直播间内公开指责主播，对主播的声誉造成了很大影响。

【技巧解析】

1．不要夸大其词

部分主播在与用户沟通时，为了完成销售目标，可能会夸大其词，用一些不符合实际情况的说辞来引导客户下单。虽然说适度夸张是与用户沟通的一种技巧，但是如果用户在收到产品之后，发现主播所说的与实际不符，便可能认为主播是在欺骗自己。

此外，主播要想通过直播实现产品销量的提升，取得用户信任是促成交易的基础。这要求主播有长远的目光，而不只是着眼于眼前的利益。培养用户对自己的信任需要很长的时间，一旦用户意识到自己被骗了，就可能不再相信主播。

2．说到就要做到

除了利用夸张增加产品的吸引力之外，部分主播在面对用户的询问时，为了坚定用户的购买决心，还会做出一些承诺，结果承诺没有实现，反倒惹恼了用户。

主播在与用户沟通时应以诚信为本，说到做到，如果没有把握做到，就不要轻易承诺。否则，用户会将怒火发泄到主播身上，并给主播所代表的商家打上一个不诚信的烙印。

1.1.5 充满自信

主播向用户推荐产品，承担着为用户解决问题，塑造商家或品牌形象的重任。因此，主播给用户留下的印象应该是充满自信的。

很多新人主播在刚开始进行直播时，一般都会遇到不好意思说话、不好意思要关注、不好意思与用户互动的情况，觉得以主播的身份面对别人，就像登台表演一样，有些放不开。

其实，主播无须给自己太大压力，只需要用和朋友聊天一样的心态，自信地面对用户即可。如果想要提升自信心，主播可以每天多照照镜子，找找自己的优点，还可以在下播后做好复盘工作，总结该场直播的优点和缺点。

【案例展示】

主播：姐妹们，这款面霜质地细腻，涂在脸上不仅保湿，而且一点儿也不会感觉到油腻，今天在我直播间，只需298元，您就能买回家！

用户：我刚刚看了另一个主播的直播，有一款产品跟你这个是同款，他才卖198元，怎么价格差别这么大？你们赚这些黑心钱，不会觉得良心不安吗？

主播：我跟你们保证，我们跟品牌方合作时，拿到的已经是全网最低价了，卖298元利润空间已经很小了，因为我们的产品都是正品。

用户：你的意思是那个主播销售的有可能是假冒伪劣产品吗？

主播：我们对别人的定价不予评论，这是产品检测报告，大家可以看一下，我对自己的产品有自信，因为我们团队选品是非常严格的，所以质量上大家可以放心。这个价格已经很便宜了，你们在专柜购买的话，还要贵两百块钱呢！

用户：你这么说，好像也有一定的道理，那我就相信你好了。

以上为某主播直播时与用户沟通的部分内容，主播在向用户推荐一款产品时，用户将该直播间内某款产品的售价与其他主播的售价做了对比，并对该产品的定价提出了怀疑。

面对这种情况，该主播的表现异常冷静、自信，他在直接表明自己与品牌方是合作伙伴的关系后，便用产品的检测报告来证明产品的质量，用两句话就化解了用户对产品价格的质疑。

【技巧解析】

1. 冷静显示自信

主播直播时经常会遇到各种各样的用户，虽然大部分用户态度温和，但也有部分脾气暴躁的用户，这些用户可能会问千奇百怪的问题。

主播要有一个良好的心态，不论遇到什么刁钻的问题，都要冷静、沉着地应对。例如，当遇到一些态度不好的用户时，主播要分析用户的目的和需求，迅速做出反应，相信自己能够处理好这些事情。

2. 专业突出自信

主播的自信源于自己的专业能力。例如，一些销售美妆产品的主播，对美妆知识有着深入的见解；一些销售服装的主播，对服装的搭配了如指掌。

主播在直播中给用户留下专业、自信以及值得信赖的印象，有利于获取用户的信任，提高产品的销量。因此，在业余时间，主播要积极学习有关的行业知识和产品知识，并广泛涉猎行业以外的一些知识，不断拓宽自己的视野。这样一来，与用户沟通时，主播就会更加自信。

3. 声音传达自信

主播在直播的过程中，应该以喜悦的心情、极大的热情和充满活力的语调来进行直播，这样可以向用户展现自信的一面。例如，某主播就以自信的表述和魔性的嗓音获得了许多用户的喜爱。正因为足够自信，所以即使在竞争激烈的直播带货行业，他也能自信地说出这样一句话："你要小心，我的直播间很危险，你看了10分钟就会忍不住下单。"

1.1.6 价值观正确

"三观"是指人的世界观、人生观以及价值观，受个人的生活水平、教育水平以及阅历的影响。随着越来越多的人进入直播带货行业，主播的素质也变得参差不齐，其中难免会有部分主播在直播时通过粗言秽语或宣扬错误的价值观来博取用户的关注。

一些用户在观看直播时是带有一定精神追求的，这些用户很容易受主播的影响。因此，主播在直播带货的过程中，要保持正确的价值观，不能错误引导用户。

不仅如此，在直播平台上，有的用户可能是心智尚未成熟的未成年人，如果主播在直播中传递错误的价值观，难免会误导这些未成年用户，给这些用户带来不良的影响。

【案例展示】

某主播直播时，一名15岁的女孩进了他的直播间，并在直播间内发了弹幕，表示自己很喜欢看他的直播。该主播看到留言后并没有表示开心，而是反问女孩："15岁，你看我直播干吗？"

就在用户纷纷因为他的态度感到疑惑时，该主播说："你不能在我的直播间买东西，除非是妈妈让你买的，那样可以。否则这就和背着妈妈玩电脑游戏充钱一样，都是不对的。"不仅如此，该主播还建议这个女孩有经济能力之后，再来直播间购买想要的产品。

以上为某主播直播时与用户沟通的案例,在该案例中,一名 15 岁的女孩观看直播时说自己是主播的粉丝,该主播知道了这位用户的年龄后,便对用户说了这一番三观很正的话,引导该用户不要在直播间内随便消费,主播的这一举动赢得了许多用户的赞赏。

【技巧解析】

1. 时刻进行自我审视

主播要时刻审视自己有没有以下这些错误的行为,如果有,要想办法克服和改正。

(1) 言行举止粗鄙。

"粗鄙"的原义是指一个人的举止谈吐粗野庸俗,如"满嘴污言秽语,粗鄙不堪"。主播在直播时要时刻注意自己的形象,不要说粗鄙的话语,否则会引起用户的不适。或许有人会说这是豪放、直爽的表现,但主播作为公众人物,要讲文明。只有这样才符合社会主流的价值观,获得大众的喜爱。因此,主播要从自身做起,努力提升个人素质。

(2) 追求物质享受。

追求物欲是一种错误的价值观。"物欲"是指一个人对物质享受的强烈欲望,在这种欲望的驱使下,主播可能会做出很多错误的事情。

《朱子语类》中曾说过:"众人物欲昏蔽,便是恶底心。"说的就是那些疯狂追求物欲的人,他们的心灵必定会空虚,而且会做出一些荒唐的事情。与物质享受相比,主播更应该注重精神层面的追求,这能使主播进入更高的境界,成为一个有思想、有内涵的人。

此外,直播购物的用户大多数是年轻人,这些年轻人通常追求新鲜感,消费的欲望强烈,如果主播鼓吹物质享受的价值观,很容易会使用户树立不正确的消费观念,导致用户超前消费。对于一些"顶流"主播来说,自身的影响力很大,更要避免传播错误的价值观,否则将很容易被推上舆论的风口,这不仅会影响带货的口碑,还会影响自己的前途。

例如,某主播在传递正确价值观这一方面就做得很好。他在直播时,通常会提醒用户理性消费,尽量不要购买价格昂贵、超出经济承受能力的产品。他还会在直播间的背景放上提醒用户理性消费的文字,如图 1-1 所示。

2. 不传播低俗的内容

随着直播带货行业的不断深入发展,直播模式越来越完善,内容也不断得到丰富,这导致直播带货行业的竞争越来越激烈。一些主播为了博人眼球,便想钻平台和法律的空子,使一些不健康的内容出现在直播平台上。甚至一些主播因为担心遇到冷场的情况，经常会讲一些幽默的段子来活跃氛围，其中可能涉及一些低俗的话题。

如今，平台对网络直播内容的监管力度越来越大，不管是新人主播还是人气主播，只要在直播间传播不良信息或低俗内容就会被永久禁播和封杀。因此，主播作为公众人物更要身体力行，创造出更多优质且健康的内容。主播在直播时，要时刻注意自己的言行举止，遵守法律法规以及平台的规定，不传播低俗的内容。

图 1-1 主播提醒用户理性消费

1.2 主播提高带货口才的基本技巧

主播的本质是产品推销员，产品的销量和良好的口才是评定主播专业与否的主要标准。作为连接产品与用户之间的桥梁，主播的专业度不仅会对产品销量产生重大影响，甚至还会直接影响直播间内用户的留存率与转化率。那么，主播要如何提高直播带货的口才呢？下面笔者根据自身经历给大家分享 6 个方法。

1.2.1 做好充分准备

主播能否自如地应对用户提出的各种问题，取决于主播在直播前所做的准备。专业的主播都会提前做好开播的准备，这是因为在直播的过程中，很容易出现用户咨询产品问题，而主播答不上来的情况。为了避免这种情况发生，主播在开播前要做好两个方面的准备工作，如图 1-2 所示。

为了避免被用户问得哑口无言，主播一定要做到未雨绸缪，事先了解产品的信息，思考用户可能会问哪些问题，并为每个问题找到应对方法。除此之外，主播还要安排好产品的介绍顺序，以免直播时出现时间安排不合理的情况。

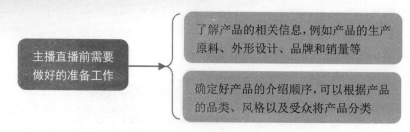

图 1-2　主播直播前需要做好的准备工作

【案例展示】

用户：你们这款篮球鞋看上去感觉还挺不错的。

主播：您的眼光很好哦！这是我们直播间销量非常好的一款篮球鞋，好评率达到了95%。可以说，这是一款很值得购买的产品。

用户：你应该也知道，篮球鞋的重量与运动的灵活性有一定关系，所以我想问一下，这双鞋子穿着重吗？

主播：这双鞋的具体重量我不太清楚，但是我个人感觉，这款鞋子比较轻。

用户：那减震效果怎么样呢？

主播：篮球鞋的减震效果一般都不会太差的，放心吧！

用户：那透气性呢？有的篮球鞋透气性太差，穿久了会觉得很热，你们这款篮球鞋会不会出现这种情况啊！

主播：这个问题嘛……我刚刚试穿了一下，感觉挺透气的，具体的我也不好给您答案，您买回去穿一下就知道了。

用户：主播不是应该了解自己的产品吗？你还真是对要卖的产品一无所知啊！我都问3个问题了，没有一个问题你能给出准确答案。你要我怎么放心购买？我真是不知道像你这样的主播能起到什么作用。我还是去其他直播间看看吧！

以上为某主播与用户沟通的部分内容，由于用户对产品比较感兴趣，所以想要更深入地了解产品的信息，便向主播提出了几个问题，不承想主播对产品一无所知。于是，该用户便觉得主播不够专业，直接打消了购买产品的念头。

【技巧解析】

1. 了解产品信息

产品的相关信息是用户直播购物过程中重点咨询的内容之一，毕竟用户要据此判断产品是否符合自己的需求。如果主播对产品的相关信息都不了解，不仅很容易给用户一个不专业的印象，还会导致用户对主播产生不信任感。

例如，某主播就在直播间中闹过这样的笑话，他向用户推荐大闸蟹时，由于不了解大闸蟹的产地信息而口误，导致许多用户认为他销售的不是阳澄湖大闸蟹，他也因此陷入了虚假宣传的风波。

因此，在与用户沟通之前，主播一定要先对直播间内产品的相关信息进行必要的了解。在有条件的情况下，可以把产品信息背下来或者提前亲自体验产品。这样一来，当用户询问产品的使用感受时，主播就可以表达清楚了。

如果用户询问的是产品功能性的问题，并且这些功能是无法用语言描述出来的，主播就可以通过试验来展示产品的使用效果。例如，案例中用户咨询主播鞋子的减震效果时，主播就可以亲自穿上鞋子在直播间内示范打篮球的动作，形容穿着的感受，通过语言表达和场景带入来打消用户的顾虑。

2. 提前准备应对方法

在直播前，主播可以站在用户的角度提出一些问题，然后准备这些问题的答案，或者和同事进行演示。另外，沟通也是有一套方法的。即便用户的问题是主播无法正面回答的，主播仍可以轻松应对。例如，主播可以根据经验总结出一些"万金油"式的回答，当然，这非常考验主播的专业能力。

如果主播不了解产品，并且没有提前准备应对方案，导致产品的优势和卖点没有被展示出来，就有可能影响产品的销量。因此，主播一定要了解产品，特别是功能型的产品，主播要提前对产品进行测试，保证直播时能将其更好地呈现给用户，否则就有可能出现"翻车"的情况。

1.2.2 通过寒暄拉近距离

在大多数情况下，主播在用户眼中是陌生人。对于陌生人，人们通常会有一定的防备心理。主播要想让用户尽快下单购买产品，就需要让用户放下防备。而要让用户放下防备，比较简单且有效的一个方法就是通过寒暄互动拉近与用户的距离，提高用户黏性。

沟通需要循序渐进地进行，主播要避免急于求成。在沟通的前期，主播可以先与用户进行一些简单的寒暄互动，关心用户的近况，让用户对自己多一分认同感。

【案例展示】

某主播的粉丝多为女性用户，直播开始时，他一般会先与用户互动，其中必不可少的一个环节就是与用户寒暄互动拉近距离。

主播：Hello，所有的女生们，我来啦！你们是不是想我了呢？

主播：我的直播又开始啦！刚刚过完年，大家假期都过得怎么样呢？

主播：大家过年后是不是感觉自己又胖了一圈啊？我好像也胖了呢！

以上为某主播开播时与用户寒暄互动的内容，由于刚刚过完年，很多用户还停留在过年的状态中，于是，主播通过提问与用户寒暄，从用户感兴趣的话题切入，激发用户的表达欲望。多数女性对于减肥这个话题很关注，这样生活化、接地气的寒暄，有效地拉近了该主播与用户的距离。

【技巧解析】

1．寻找合适的寒暄话题

对于寒暄，许多人的第一反应是讨论天气情况或者询问近况。天气情况是人们最常用来寒暄的话题之一，和用户寒暄天气情况本身没什么问题，但是，有时单一的寒暄反而会使氛围显得非常尴尬。

由于主播在直播间内面对的用户众多，直接以天气为寒暄的话题并不合适。面对这种情况，主播在跟用户讨论天气的时候，可以结合自己的专业知识，将寒暄的话题与产品联系起来。

例如，当天气比较冷时，主播可以用类似"宝宝们，天气变冷了，你们不仅要注意保暖，还要注意护肤哦！天气冷的时候皮肤容易干裂，大家一定要注意做好防护措施，今天主播就给大家带来一款防干裂神器，特别适合这种天气使用……"来引出产品。除此之外，主播在直播的过程中，想要选择合适的话题来与用户寒暄，还可以从以下几个方面来切入。

(1) 从用户的兴趣爱好中寻找话题。

(2) 根据自身才艺特长来展开话题。

(3) 做好直播内容的大纲规划方案。

(4) 从当下的时事热点来引入话题。

(5) 在平时的生活动态中切入话题。

(6) 根据用户的提问、求助展开话题。

2．了解粉丝的爱好

很多观看主播直播的用户都是其忠实的粉丝，主播与用户寒暄时，要想起到拉近距离、提高黏性的效果，还需要让寒暄的话题引起粉丝的兴趣。

对此，主播还需要对粉丝群体进行必要的了解，找到粉丝感兴趣的话题，并将之作为寒暄的内容。那么，主播要如何了解粉丝群体的爱好呢？具体来说，不同的粉丝有不同的信息关注点，粉丝的性别、年龄、地域和文化水平不同，所关注的重心自然也会不一样。

例如，同样的一件外套，年轻女性看重其美观性，而年长的女性则更关注其实用性。因此，主播要了解粉丝群体的年龄、性别等信息，从而判断大部分粉丝的关注点，分析他们的心理，这样在选择寒暄话题时，便能找到侧重点。

1.2.3 表达清晰、准确

很多用户会根据主播的表达来选择产品，因而主播在直播时一定要思路清晰，把信息准确地传达给用户。

【案例展示】

用户：主播在吗？主播在吗？主播在吗？重要的事情说三遍！

主播：这位粉丝，不知道有什么可以帮到您的？

用户：你推荐的这款帐篷怎么安装搭建？你能示范一下吗？

主播：这款帐篷安装搭建的方法很简单，我们送了一个搭建指南，大家按照搭建指南的步骤来搭建就可以了。

用户：主播，你看看弹幕，大家都想看你示范呢！

主播：那好，大家接下来看我的示范哦！

主播：这是一款液压式弹簧支架的帐篷，它的安装搭建方式非常简单。第一步，把帐篷拿出来放在地上；第二步，向上拉动支架，帐篷会自动撑开；第三步，将帐篷接触地面的四个角打好地钉，将帐篷固定。经过这三步，你的帐篷便搭建完成了。(主播一边亲自示范搭建帐篷，一边解说。)

用户：太好了，原来操作步骤是这样的，我现在就下单。

以上为某主播与用户沟通的部分内容，案例中主播的表现值得学习。关于帐篷的安装问题，主播一边耐心地示范安装，一边解说。用户很快就掌握了帐篷的安装方法，因而用户对主播的服务非常满意。

【技巧解析】

1. 思路清晰

主播在直播过程中只有保持清晰的思路，才能提炼出产品信息中的重要部分，向用户传递有效的信息。有了清晰的思路，主播在遇到紧急问题时，就可以很快拆分出下一步的动作。不仅如此，主播保持思路清晰，还可以有条理地安排工作的轻重缓急，提高直播效率。

2. 表达准确

有了清晰的思路之后，主播还需要向用户准确地表达出来。一件复杂的事情通过语言来传递，要保证对方能快速理解，语言必须简明扼要，并且表达准确。

当用户的问题比较复杂时，主播的回答应该逻辑清晰，突出重点，能够让用户快速理解。因此，主播在了解用户的实际问题并分析出具体的策略之后，还要组织好语言，保证语言的准确性。

1.2.4　不与用户争辩

与用户沟通的过程中，主播必须保持良好的服务态度，避免与用户争辩，逞一时的口舌之快是不能解决实际问题的。无论在哪种情况下，争辩既是对用户的不尊重，也是一种不负责任的体现。

【案例展示】

某主播正在介绍一款鞋子时，一位用户一直在刷屏，其言论引起了主播的注意。

用户：这个主播卖的鞋子质量很差，大家不要买。

主播：这位名字为×××的用户，请你不要在直播间内血口喷人！

用户：我哪里血口喷人了？你卖的就是假冒伪劣产品。

主播：我们卖的产品质量都是有保证的，我们不可能将有问题的产品发给用户，你不要污蔑我！

用户：我之前买过你们直播间的鞋子，才穿两天就坏了，你怎么解释？你们是不是应该赔偿我的损失呢？

主播：从我们店发出的货不可能出现这种问题。你的鞋子出现问题一定是你穿着不当，因此，我们是不会对这样的问题做出赔偿的。如果每位用户都由于自己的原因造成产品出现质量问题，却要我们店做出赔偿的话，那我们这个店也不用开了！

用户：看来，你不仅不承认自己销售的产品有质量问题，还推卸责任。大家评评理，主播的服务态度这么恶劣，你们还敢在他的直播间里买东西吗？

（一些用户在看到主播与该用户的争辩时，纷纷退出了直播间，该主播也流失了一大批忠实的粉丝。）

以上为某主播直播时与用户争辩的部分内容，用户由于在主播直播间内买到了质量差的产品，便在直播间内呼吁其他用户不要购买该主播推荐的产品。主播看到用户发表的言论之后，就与用户争辩，产生了矛盾。面对用户反馈的问题，主播没有问清原因，而是强行反驳用户，导致直播间的用户严重流失。

【技巧解析】

1. 不要强行反驳

在任何时候，反驳用户都是不明智的表现。当主播对用户表达的内容进行反驳时，就会引起矛盾，从而影响自己的带货口碑。

主播在直播时遇到类似的情况，首先要安抚用户的情绪，核对问题的真实性，了解用户之所以这样做的原因；其次要引导用户联系客服人员进行退款、退货处理。必要时，主播还需要承诺给予用户一定的赔偿，在不了解事情始末的情况下，切不可武断地强行反驳用户，导致矛盾升级。

2．先安抚用户的情绪

当用户在直播间购物的过程中出现了问题，感觉自己的利益被损害时，有情绪是必然的。此时，主播与其推卸责任、强行争辩，倒不如先赔礼道歉，安抚用户的情绪。当直播结束之后，主播再联系用户，帮助用户解决问题。否则，一些观看直播的其他用户可能会受到该用户言论的影响，直接退出直播间。

1.2.5 表明自己的立场

迅速表明自己的立场是说服用户购买产品的基本技巧之一。向用户表明立场，要求主播做到感同身受，站在用户的角度考虑问题，并且让用户知道主播与自己的立场一致。主播让用户感觉到自己被重视，容易取得用户信任，服务的效果也会事半功倍。

【案例展示】

主播：这位用户，我看到您一直在刷屏，是遇到什么问题了吗？

用户：我在你们直播间买了两双鞋，有一双准备送给我好朋友作为生日礼物，今天收到快递，发现里面只有一双鞋子，我买给朋友的那一双还没有发货，这是怎么回事？你们是不是少发货了？

主播：实在是不好意思，我理解您的心情，您先别着急，换作是我，我也会很生气，咱们现在要做的是核实情况，您私聊我们的客服，客服人员一定会给您解决这个问题的。

用户：好的。

以上为某主播与用户沟通的部分内容，案例中的主播在解决用户问题时，做到了站在用户的立场想问题，通过诚挚的道歉，在一定程度上起到了安抚用户情绪的作用。不仅如此，主播还成功地将用户的问题抛给了客服人员，引导用户去求助客服人员，为自己减少了一定的工作量。

【技巧解析】

1．表明立场，快速应变

任何时候，向用户表明自己的立场，站在用户的立场想问题，做到感同身受，都是快速取得用户信任的重要方式。如果不能体会到用户的感受，就不能找到问题的具体解决办法。在换位思考时，主播需要快速做出反应，以及时提出解决办法。

主播换位思考，即把自己想象成用户，假如自己遇到类似的情况，想要以什么样的方式去解决？只有这样才能快速地找到解决问题的策略。对用户来说，感受到主播是站在自己的立场思考问题时，他们自然不会太过于情绪化。

2. 真诚道歉，适当承诺

面对用户的质问，诚挚的道歉是打动用户的最佳方法。用户带着情绪来投诉或退货时，主播不要冲动，避免被用户影响，首先要真诚道歉，安抚用户的情绪，给自己争取解决问题的时间。

当然，在服务过程中总有部分因素是主播不可控制的，这时除了道歉，主播还要适当向用户做出承诺，让用户焦虑的心情得到缓解。需要注意的是，为了避免给以后的服务带来不必要的麻烦，主播一定不要承诺自己做不到的事情，以免失信于用户。

1.2.6 使用生活化的语言

主播在直播中使用口头语言，往往能够快速拉近与用户的距离，让用户觉得主播特别亲切。有的主播为了突出人设，显示自己对产品有专业的认知，或者想让用户觉得产品高端，会在产品介绍中穿插各种晦涩的术语。

虽然对部分产品适当地使用术语是有必要的，但是用户有独立思考的能力，过多地使用术语只会让用户觉得主播是在故弄玄虚。因此，主播要做到从实际出发，多使用生活化的语言。

【案例展示】

某主播在向用户推荐一款电脑。

主播：我们这款电脑的显卡是 GeForce GTX1050Ti 游戏显卡，可以流畅运行各种游戏。而电脑上的 Intel 第 7 代处理器，比上一代的处理性能提升了 5%，数据处理能力也更加快速。

(由于用户不明白这些专业术语的意思，对主播提出了疑问。)

用户：不好意思，我想问一下 GeForce GTX1050Ti 具体代表的是什么？Intel 第 7 代处理器又是什么意思呢？

主播：GeForce GTX1050Ti 是 NVIDIA 发布的一款中高端显卡，它的流处理器数量等于 GTX950，而显存容量则比 GTX1060 3GB 还大。可以说这是一款非常不错的显卡了。Intel 第 7 代处理器就是指英特尔公司推出的第 7 代处理器啊！

用户：你说的 GTX950 和 GTX1060 3GB 又是指什么？

主播：这些都是市场上比较常见的几款显卡啊！如果你不了解，可以去百度搜索了解一下!

用户：好吧，你再介绍一下其他的信息吧!

主播：这款电脑采用的是 DDR4-2400 高速内存，双内存插槽设计，支持 16GB*2 DDR4 内存。而 802.11ac 无线网卡则支持双频段自由切换，无线传输速度非常快。另外，电脑的杜比音效可以给你身临其境的视听体验。

用户：我的天，你说的 DDR4-2400 和 802.11ac 又是些什么东西？你说的这些东西我根本理解不了啊！哎呀，我看现在还是不买为好！

以上为某主播介绍产品时与用户沟通的部分内容，用户对电脑的许多术语都不太了解，而主播在已经知道用户可能对电脑的相关配置并没有深入了解的情况下，仍旧使用了大量的术语，导致用户打消了购买产品的念头。

【技巧解析】

1. 使用通俗易懂的语言

大多数用户观看直播利用的都是休息时间，想买的都是日常生活中需要的产品，在对比同类产品的过程中，他们更关注产品的价格与实用性。因此，多数用户在向主播咨询时，期望得到的是通俗易懂的回复，以及接近实际生活的表达。

因此，主播在介绍产品时，可以尽量使用通俗的语言来介绍产品，让用户准确地接收信息，从而判断产品是否适合自己。

2. 适当使用术语

虽然与通俗的语言相比术语比较难理解，但是对于部分产品，特别是一些技术含量较高的产品，有的术语是不可或缺的。主播需要明白的是，少说术语并不是不能说，而是在需要的时候使用术语。

如果在产品介绍中使用了少量术语，主播可以简单解释这些术语的含义，让用户有个大概的理解。适当使用术语，在一定程度上能够向用户表现自己的专业性，让用户觉得主播更可信。

第 2 章

掌握技能：
获得用户持续关注

学前提示

只有主播在直播时吸引用户，才能获得用户的持续关注。而有效的语言表达以及直播聊天的技能，是吸引用户的关键。

本章将分别对直播聊天、打造人设及提升销售能力的技能进行解读，帮助主播掌握组织语言的技巧，获得更多用户的持续关注。

要点展示

- 直播聊天基本的技能
- 直播打造人设的技能
- 提升销售能力的技能

2.1 直播聊天基本的技能

用户观看直播时也有娱乐需求,若直播间冷场了,用户观看的兴致也会降低。本节将分享4个直播聊天基本的技能,为主播解决直播间冷场的烦恼。

2.1.1 心态积极

网络上经常会遇到一些喜欢抬杠的用户,有时在直播过程中,主播会受到这些用户的恶意辱骂,这时主播一定要保持良好的心态,不要给自己太大的压力。

主播作为公众人物,一言一行都有可能对用户产生潜移默化的影响。因此,为了对用户负责,主播要注意自己的言行,时刻向用户传递正能量。

【案例展示】

某当红淘宝主播有超高的流量和人气,但人红是非多。某次直播,他将某著名化妆品公司取消与他合作的消息告诉了粉丝,让期待已久的粉丝感到非常遗憾。一个同行在微博里用"甄嬛穿纯元皇后的衣服并非巧合"来暗示这起"著名化妆品公司放当红淘宝主播鸽子"事件,表示这一事件完全是该主播自导自演的戏码。

这条微博引发双方粉丝的激烈骂战。某次该当红主播直播时,那位同行的粉丝在该主播的直播间疯狂刷屏,指责他欺骗自己的粉丝。面对影响正常直播秩序的刷屏指责与批评,该主播说了句:"没有人是一座孤岛,可以自全。"这句话引自英国诗人约翰·多恩(John Donne)的诗作《没有人是一座孤岛》。

该主播引用这句话的目的是告诉同行,直播是一个新兴行业,行业规范需要大家一起来维护。个人的造谣行为,可能会导致整个行业的信誉度下降。这句话在当天上了热搜,该主播面对同行的指责,不卑不亢,仍然保持积极的心态坦然面对恶评的行为也得到了许多用户的夸赞。

以上案例中,主播面对同行的恶评,并没有煽动粉丝,利用自己的影响力来维护自己的名誉,而是用"没有人是一座孤岛,总有人来安慰你"来传达自己的观点,坦然面对恶评,他所表现出来的积极心态正是用户夸赞他的原因。

【技巧解析】

1. 传播正能量

相比在直播间内无病呻吟的主播,用户更喜欢传递正能量,能给自己带来欢乐的主播。因此,主播一定要给用户呈现一个积极的正面形象。与用户聊天时,如果聊到热门的话题,语言要有正面导向;用户恶意刷屏辱骂自己时,不要煽动粉丝攻击该用户,而要以宽容、坦然和自信的心态积极面对。

2. 为他人着想

当用户提出个人建议或者质疑主播时,主播应站在用户的角度换位思考,这样更容易了解用户的感受。另外,主播可以多观察这些用户的态度,并且进行思考、总结,用心去理解和感受用户的心情,然后再提出自己的想法。为他人着想体现在 3 个方面,如图 2-1 所示。

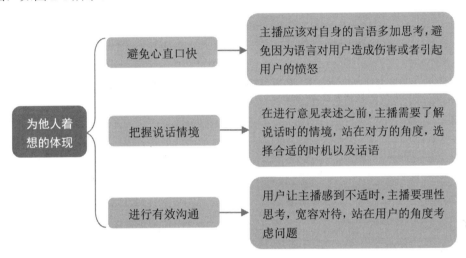

图 2-1 为他人着想的体现

2.1.2 多讲故事

主播在直播的过程中,可以通过分享生活趣事来与用户拉近距离,例如,讲述自己遇到的一些有趣或者奇特的事情,引发用户之间的互动。当然,在此过程中,主播要学会对用户讲故事,并在故事中多加入幽默元素,这样一来,用户自然更容易被你的故事吸引。

【案例展示】

主播:各位宝宝,好久不见,你们想我了吗?

主播:今天,我们给大家带来了很多质量好、价格又划算的产品,你们准备好买买买了吗?

主播:首先,我给大家推荐一款护肤产品,我们之前考察过这个品牌的工厂,也跟品牌方的负责人沟通了很久，价格就是降不下来。后来，我想着要再给大家让一下价，就联系了这个品牌的总裁，费了很大劲儿，他们终于答应了我。不过，品牌方提供的产品是有数量限制的，因为他们以这样的价格卖出去，没有什么利润，所以大家一会儿要做好抢购的准备哦！

以上是某主播与用户沟通的部分内容，主播通过讲故事的方式突出了产品价格的优势，还从侧面体现出自己为用户谋福利所做出的努力。主播利用这种讲故事的方式与用户互动，在一定程度上能够获得用户的信任，从而拉近与用户的距离。

【技巧解析】

1. 分享生活趣事

主播为了更好地吸引用户的注意力，促使用户下单购买产品，可以通过讲故事的方式让用户与自己互动交流。

主播应该如何讲故事呢？首先，主播可以从自己的亲身经历入手，以一个吸引人的开头做铺垫，然后引入问题，把问题和用户联系起来，再发表自己的想法。主播还可以分享一些生活趣事，让用户多了解自己的生活日常，以此引发用户围观。

2. 展现幽默的一面

主播在分享生活趣事时，多展现幽默的一面也可以获得用户的喜爱。主播可以在直播间内讲一些幽默的段子，与用户聊天互动，让带货的过程变得更加有趣。

例如，著名央视主持人"段子手"与"口红一哥"共同直播带货时，就运用了此方法。这场直播中，这位"段子手"讲了许多段子，如"我命由你们不由天，我就属于××直播间"。

当主播在直播间中讲幽默段子时，很多用户会在评论区留言，更多的用户也会因为主播的段子比较有趣而留下来，继续观看直播或关注主播。

2.1.3 维护粉丝黏性

通常每个主播都会有一些特别忠实的粉丝，当他们进入直播间时，主播一定要表示热烈欢迎，并且与这些用户互动。例如，当主播看到一些名字非常特别的用户进入直播间时，可以说："欢迎×××进入直播间，你的名字真有趣。"粉丝关注主播，自然也希望自己能够得到主播的关注，所以主播与用户聊天时，也要多提及粉丝，以此维护粉丝的黏性。

【案例展示】

主播：Hello，你们好吗？我们又直播咯！

主播：我的粉丝们，你们在哪里？在的扣1好吗？

主播：好的，好的，看到很多粉丝都好热情啊！你们近期过得好吗？有没有吃好、喝好，然后睡好呢？

用户：都很好！

主播：看到很多粉丝说都很好，那我就满足了，希望你们每一天都开心快乐哦！在我的直播间，我也会把快乐带给大家的……

以上是某主播直播时与用户互动的部分内容，在案例中，主播通过关心粉丝近况，很好地拉近了粉丝与自己的距离，同时又显得自己很有亲和力。主播与粉丝打招呼的方式更像是朋友，这能给粉丝一种与主播关系亲密的感觉，而这种感觉往往能够影响用户的购买决策。

【技巧解析】

1. 关心用户近况

每个人可能都会有需要别人关心、支持的时候。主播在直播过程中，哪怕只是真诚地对粉丝说一句鼓励的话，给粉丝一个微笑，也能够让粉丝感受到温暖。现在粉丝对主播来说非常重要，因此，主播要更细心地去维护粉丝、关心粉丝。

2. 倾听粉丝意见

只有倾听粉丝的意见，让粉丝参与到直播带货的节奏中，才能了解粉丝的需求，进而有针对性地给粉丝推荐产品。那么，主播应如何让粉丝参与直播呢？其中一种方法就是增加互动，为粉丝的表达提供更多契机。对此，主播可以站在粉丝的角度思考，多为粉丝提供一些可以讨论的话题，通过倾听粉丝的意见来了解他们的需求。

2.1.4 激发用户表达

很多主播把用户当成倾听者，一味地倾诉、推荐各种产品。这些主播仅仅是把自己的观点传递给用户，而没有给用户表达想法的机会。然而，直播并不是主播的"独角戏"，用户表达和参与互动也很重要。

如果主播一直在输出自己的观点，没有粉丝参与，直播间就可能会陷入冷场的境地。作为主播，只有最大限度地激发用户的表达欲，调动用户情绪，才能卖出产品，并将用户变成自己的粉丝。

【案例展示】

主播：关于我们这款产品，大家还有什么想要了解的吗？

主播：还有什么问题吗？若没有，我就讲解下一款产品咯。

用户：这款产品敏感肌可以用吗？

主播：当然可以用啦，它的成分都是温和不刺激的。不过，大家要注意，在使用前，先把产品涂抹在耳朵后的皮肤上，确定自己不过敏之后再使用，因为可能有部分宝宝的体质比较特殊。

主播：其他宝宝还有疑问吗？需要我讲解下一款产品的扣1。

案例中，主播主要是利用提问来激发用户表达，但是由于主播的问题全部围绕产品展开，而且问题太单一，所以用户的积极性并没有被激发出来。

【技巧解析】

1. 物质激发

主播可以通过发放物质奖励，促使用户参与到直播中来，发表自己的意见。这不仅可以增加与用户之间的互动，还可以让直播间的气氛快速活跃起来。例如，某主播就经常在激发用户表达时，提醒用户先"刷屏"，再抽奖，借此激励用户输出内容。

2. 行为激发

有时主播即便不说话，也能通过行为激发用户的表达欲。需要注意，如果要激发用户的表达欲，主播的行为一定要能吸引用户。否则，用户可能会因为对直播内容不感兴趣而离开。主播在利用自己的行为激发用户表达时，可以结合以下两点给用户一些感官刺激，如图2-2所示。

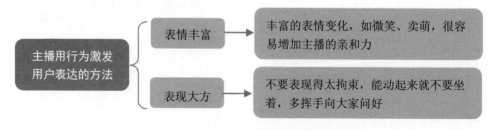

图 2-2　主播用行为激发用户表达的方法

2.2　直播打造人设的技能

人设即人物设定，起初是用在动漫和影视行业，是指对人物的特定方面的设计、制定。

现在，在直播带货行业中，立人设已经是一种常见的包装、营销手段。作为主播，要想让用户记住自己，就要打造一个辨识度高、有记忆点的人设，这样才能吸引更多用户的关注，从而获得更多流量。本节就向大家分享，在直播过程中如何通过语言表达来塑造一个能给用户留下深刻印象的人设。

2.2.1 展示个人标签

主播打造人设的主要技能，就是向用户展示自己的标签并一直强化它。例如，主播销售的是一些母婴类的产品，那么购买产品的一般是宝妈，此时主播就可以给自己贴上"宝妈"的标签，在言谈举止中透出、强化自己的"宝妈"人设，这样主播更容易与用户打成一片，从而更好地获得粉丝的支持，并实现变现。

【案例展示】

某主播曾经在知名品牌的专柜工作，对美妆产品有深刻的了解，他在直播间打造的人设就是美妆领域的专家。

在该主播的直播间，用户经常听到他讲解化妆、护肤方面的专业知识。例如，"遮瑕有两种，一种叫点状遮瑕，一种叫片状遮瑕。使用点状遮瑕的时候，你应该……；而使用片状遮瑕时，你应该……""粉饼和散粉的区别就是，散粉是让你在……的情况下使用的；而粉饼是在……情况下使用的"。

很多用户在做出购买决定的时候，都愿意参考专业主播的意见。因此，让用户相信主播的专业水平，更容易卖出产品。案例中，该主播分享的内容正好是用户需要的，所以用户自然愿意聆听主播的讲解。

【技巧解析】

1. 标签贴合个人实际

主播讲解产品的过程，就是在用户心中塑造专家形象的过程。虽然主播在讲解产品或者与用户沟通时，使用一些专业名词术语可以显示自己的专业水平，但是如果主播的人设并不贴合实际，那么说出来的话也很难说服用户。

2. 标签贴合用户需求

塑造人设的目的是吸引目标用户的关注，因而主播在给自己贴标签的时候，需要考虑该人设是否满足用户的需求。满足了用户需求，主播说的话才能戳中用户的痛点。例如，用户购买服装时，往往希望主播对穿搭技巧了如指掌。此时，主播可以向用户分享自己的日常穿搭技巧，以引起用户的共鸣。

2.2.2　展示有趣的灵魂

不同主播的人设各有其特点，要在大量主播中脱颖而出，就要挖掘自身比较能吸引人、有辨识度的特点，并在镜头前表现出来。展示自己的性格特征，能够有效地感染用户的情绪，从而引发用户的点赞认同、评论互动，与用户打成一片，更好地增强粉丝黏性，提高购买率。

【案例展示】

某主播会将自己的宠物狗带到直播间，让狗狗参与和用户的互动。有一次，该主播正向用户推荐一款零食，当主播打开零食包装试吃时，旁边的狗狗馋得直流口水，让用户觉得很有趣，发表了很多评论。不仅如此，该主播在直播间内还经常怼品牌方，例如，某次他在进行口红试色时，发现某一款口红的颜色让他不满意，就说："这款口红的颜色也太怪了吧！你们看一下，涂上去感觉整个人都变得老气了，这款口红大家就不要买了。"

以上是某主播直播时发生的一些趣事，该主播一直在给用户新鲜感，所以很多用户喜欢看他的直播。不仅如此，该主播的直播方式也与其他主播不同，他并不会推荐一些不适合的产品给用户，而是坚持向用户推荐他自己觉得好用的产品。

【技巧解析】

1. 不断给用户新鲜感

新鲜感是一种永远都发掘不完的资源，主播在直播时，如果永远都是一副向用户推广产品的样子，用户难免会审美疲劳，觉得主播不过是想让自己买产品。这样一来，主播对于用户来说就没有了新鲜感，用户自然不会想要深入了解并追随主播。

2. 表达要有个人魅力

对于一些新人主播来说，他们直播的经验不足，难免会出现直接套用现有模板的情况，导致语言表达单一，无法展示个人魅力。这种表达往往难以激发用户的购买欲，也难以让用户对自己有深刻的印象。因此，主播一定要避免使用单一的表达方式。

当然，如果主播已经有了自己的个人风格，就可以把固定的表达与自己的个人风格紧密联系在一起，让这些表达成为用户的记忆点。例如，某主播在直播时经常使用"买它"这两个字，时间久了，就在用户心中形成了强烈的个人风格。不仅如此，他在直播时，不让用户盲目购买产品，而是告诉用户，这个产品适用某类用户，不适合的用户不要买，这一行为让用户对该主播非常有好感。

2.2.3 说话真诚实在

在直播的过程中,主播的亲和力可以快速拉近与用户的距离,让用户感受到自己的真诚。例如,某主播经常利用亲和力来激发用户的购物欲,该主播经常用"所有女生"来称呼看他直播的女性用户,让这些用户倍感亲切。

然而,很多新人主播过于功利,只是单纯地向用户推销产品,与用户缺少坦诚的交流。这样不仅直播的内容打动不了用户,还会影响产品的销量。

如果主播只是单纯地推销产品,语言表达缺乏亲和力,说出的话不够真诚,就很容易引起用户的反感,让用户认为主播过于功利。面对这种情况,主播可以充分发挥自身的优点,用委婉含蓄的语言让用户感受到自己的诚意。

【案例展示】

主播:宝宝们,A款口红的颜色很适合皮肤白的女生哦,皮肤白的女生,买它!

用户:可是我的皮肤是小麦色,我想买它,可以吗?

主播:这位宝宝,小麦色的皮肤涂这款口红的话可能会让你整个脸的色调更暗哦!建议你买我们的B款口红,它的颜色非常百搭,不管你的皮肤偏白还是偏黄,都可以涂,也很适合小麦色皮肤。

用户:可我不是很喜欢B款。

主播:宝宝,如果你真的喜欢A款,那你也可以买,毕竟买东西就是为了取悦自己。只是我先提醒你,你要做好涂这款口红的心理准备。

用户:嗯,好,谢谢你!

在上述沟通过程中,主播始终秉持真诚实在的原则,只给用户推荐合适的产品,即使用户坚持想买自己喜欢但不适合自己的产品,他也不会强迫用户改变主意,而是让用户做好承担责任的准备,由此可见,该主播是一个很有责任心的人。

【技巧解析】

1. 语言委婉含蓄

有礼貌、懂分寸的主播能够更快赢得用户的好感,主播与用户互动时,多用"谢谢""不好意思"等敬语,可以给用户留下一个好印象,帮助主播获得用户的信赖,有利于提升产品的销量。否则,即使主播推荐的产品质量再好,也很难说服用户下单。总体来说,主播的语言需要具备4个特点,如图2-3所示。

2. 巧妙提出想法

主播在直播时难免会遇到用户质疑自己的情况,这时主播要先向用户表示理解,不要直接反驳用户。例如，主播在委婉否定用户时，可以先使用"我理解您的心情""我尊重您的想法"等语句安抚用户的情绪，体现自己正在真诚地与用户沟通，再巧妙地提出自己的解决办法。

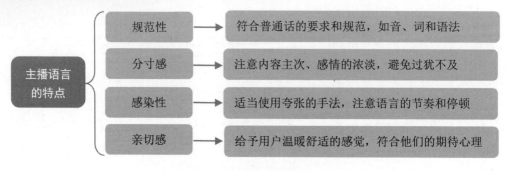

图 2-3 主播语言的特点

2.3 提升销售能力的技能

主播要想赢得流量，获取用户的持续关注，从而提高产品的销量，就需要把握用户的痛点，有针对性地进行表达。本节将为大家讲述 3 个提升销售能力的技能，希望能给主播提供借鉴。

2.3.1 直击用户痛点

要想成为一名优秀的主播，仅有基本的聊天技能和完美的人设是远远不够的，还需要提升销售能力，有一套专业的销售套路，这样才能在直播带货的过程中击中用户的痛点。

【案例展示】

主播：宝宝们，你们有没有遇到过网购总是买不到合适的衣服的情况呢？

用户：有的，因为自己有点儿胖，所以感觉穿什么都显得很胖。

主播：我以前也遇到过这种情况，不管去店铺里买，还是在网上买，我都买不到适合自己的衣服，所以我的朋友都说我很土气，这感觉真的是太糟糕了！

用户：对啊，深有同感。

主播：看来大家跟我一样有过这种烦恼啊！那今天，我就给大家带来了一款显瘦套装，我先试穿给大家看一下……

以上是某主播与用户沟通的部分内容,主播首先通过提问用户是否有过买不到合适的衣服的情况,引出问题,然后利用"我感觉买不到合适的衣服,真的太糟糕了"这一表达放大问题,营造紧张感,再引出本产品可以帮助用户解决问题,整个过程非常巧妙地引起了用户的共鸣。

【技巧解析】

1. 提出直击用户痛点的问题

如何在直播中提出击中用户痛点的问题呢?在介绍产品之前,主播可以利用场景化的内容先表达自身的感受和烦恼,在与用户聊天的过程中向用户提出问题,并让这个问题在直播间内保持热度。

2. 适当放大问题,营造紧张感

放大问题,就是要主播将用户忽略的问题或隐患尽可能放大。例如,主播推荐护肤类产品时,可以适当夸张地介绍不保养皮肤的后果。需要注意,主播放大问题虽然可以给用户营造一种紧张感,让用户迫切地想要解决问题,但是如果主播过于夸大其词,就很容易造成"恐吓营销",所以主播需要拿捏好放大问题的分寸。

3. 引入产品,解决提出的问题

主播讲述完问题可以适当地引入产品,通过介绍产品的功效来解决前面提出的问题。例如,当主播提出与美妆相关的问题后,可以先结合亲身经历为用户推荐一些用过的美妆产品,把产品的使用效果告诉用户,再向用户展示产品的细节,指导用户使用产品。

2.3.2 提升产品的价值

产品的价值是需要主播去挖掘的,主播只有学会挖掘产品的价值,并在直播的过程中放大、提升它的价值,用户才会觉得产品有足够的吸引力,从而下单购买产品。那么,主播要如何挖掘并提升产品的价值呢?本小节就与大家探讨这一问题。

【案例展示】

主播:宝宝们,这款护肤品的成分中包含 Pitera(一种半乳糖酵母样菌发酵产物滤液),这样的透明液体可以有效帮助你们改善肌肤表皮层的代谢过程,让女性肌肤一直晶莹剔透,有想要改善皮肤状况的女生注意了!

用户:真的吗?

主播:当然了,这个品牌很早之前就有了,很多爱美的女性都喜欢用。现在,我们的产品数量有限，待会儿我们上链接的时候，大家一定要赶紧抢购，否则很有可能就没有了。

以上是某主播讲解产品时与用户沟通的部分内容，主播主要从产品的成分出发，讲述了产品含有的特殊成分，并告知用户品牌的价值，以此让用户相信该产品是一个老品牌。此外，主播还通过限制产品的数量，让用户产生抢购的紧张感，进一步提升产品的价值。

【技巧解析】

1. 找对讲解角度增加附加值

主播在引出了产品之后，还要找准讲解产品的角度，提升产品的附加值。主播可从以下3个角度来讲解产品，提升产品的附加值，如图2-4所示。

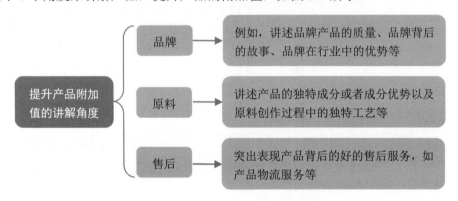

图2-4 提升产品附加值的讲解角度

2. 重新塑造产品价值

决定用户购买的因素，除了信任之外，还有产品的价值。在直播中，我们主要进行的是产品价值的塑造，即展示产品的独特性、稀缺性、优势和利益性。

1）产品的独特性

产品的独特性可以从产品的设计、造型出发。产品独特性的塑造可以让产品区别于其他同类产品，凸显该产品的与众不同。当然，在带货直播中，产品独特性的塑造必须紧抓用户的购买需求。

2）产品的稀缺性

要突出产品的稀缺性，可以在直播带货时多使用"限量""专业定制"等词，表示这类产品是独一无二的，甚至具有收藏价值。例如，许多限量款的球鞋，带有独家签名的手机、服装等，都具有稀缺性。

除此之外，还可以从产品的功能着手，对产品特有功能、使用人群、使用场景甚至产地进行宣传。例如，地方特产就可以在直播中利用地理位置的特殊性进行销售，将特产作为卖点。

3) 产品的优势

产品的优势可以是产品的先进技术优势，这主要体现在技术的研发创新方面。例如，手机或其他电子产品的直播，可以借助产品的技术创新进行价值塑造，这甚至可以刷新用户认知的产品特点，给用户制造惊喜，并超出用户的期望值。

除此之外，主播还可以从产品的造型优势出发。例如，小型包包强调轻巧便捷，大小正好适合放置手机以及钱包、口红，并具有外形独特、百搭、适合拍照等特点；较大型包包强调容量大，可放置化妆品、雨伞，并且适合短期旅行。这些都是从不同产品的特点出发，表达不同的优势。

4) 产品的利益性

产品的利益性指产品与用户之间的利益关系，产品的利益价值塑造须站在用户的角度进行分析。例如，主播可以介绍这款产品能为用户在日常生活中提供哪些便利，或者能替用户解决哪些问题。总的来说，就是介绍产品能够给用户带来的好处，让用户觉得产品对自己有价值。

3. 赋予产品其他价值

除了基于产品本身的特点来塑造价值之外，主播还可以通过赋予其他价值来提升产品的价值，具体方法如图 2-5 所示。

```
┌─────────────┐    ┌──────────────────────────────────────────┐
│  赋予产品其他 │────│ 情感融入：将故事、符号和某种象征意义融入产品之中 │
│  价值的方法   │    └──────────────────────────────────────────┘
│             │    ┌──────────────────────────────────────────┐
│             │────│ 赋予文化：赋予竞争产品所不具有的某种文化元素   │
└─────────────┘    └──────────────────────────────────────────┘
```

图 2-5　赋予产品其他价值的方法

2.3.3　降低门槛突破防线

降低门槛，就是主播在推荐产品时，先详细讲解产品的价值以及优势，提升产品的附加值之后，再适当给用户提供购买产品的福利，或者通过限制产品数量来制造紧张感，从而让用户产生消费欲望。

【案例展示】

主播：宝宝们，这款项链的品牌代言人是×××哦！大家看一下我手上的平板电脑，播放的就是×××代言这款项链的广告。这款产品在全网的销售非常火爆，我展示给大家看一下，你们看这个外形设计，是不是很精美？

用户：它的销售这么火爆，是不是很贵呢？

主播：当然了，它在天猫旗舰店卖得很贵，但是在我们直播间，你领优惠券购买，只需要花199元就能买回家，你们说，是不是很划算？

以上是某主播介绍产品时与用户沟通的部分内容，主播首先通过告知用户产品的代言人是某明星，并用视频证实了代言的真实性，提升了产品的价值，让用户对产品的价格有一个很高的期望值，然后再通过引导用户用优惠券购买的方式降低购买门槛，突破用户的心理防线。

【技巧解析】

1. 发放优惠券降低门槛

主播提升产品的价值之后，通过送福利的方式能很好地抓住用户偏好优惠福利的心理，促使用户快速下单。例如，一些主播讲解完产品之后，通常会教用户领优惠券的方法，并强调优惠券的优惠金额，让用户产生下单的想法。

一般来说，主播在销售种类单一且单价较高的产品时，发放优惠券是一种有效刺激用户下单的营销方式。通过这种方式，主播不仅可以激发用户的购买热情，还可以促使用户分享直播间，从而带来更多的用户。

需要注意的是，为了加强优惠券的吸引力，主播需要给优惠券设置一些使用规则。例如，设置优惠券的使用期限，促使用户尽快下单。除此之外，利用折扣、清仓等方法来降低门槛，诱导用户下单的方法也很有用，这是因为价格低的产品一般能够引起众多用户的注意。

2. 用饥饿营销促成下单

对于一些购物比较理智的用户，发放优惠券的方式不一定能促使他们购买产品。在这种情况下，主播可以用饥饿营销的方式突破用户的心理防线。

饥饿营销属于常见的营销策略，要想采用饥饿营销的策略，首先需要产品有一定的真实价值，并且品牌在大众心中有一定的影响力，否则用户可能不会买账。饥饿营销实际上就是通过降低产品供应量，造成供不应求的现象，从而形成品牌效应，快速销售产品。

对于主播来说，饥饿营销主要起到两个作用：一是帮助自己获取流量，制造短期热度；二是提高认知度，随着秒杀活动的开展，许多用户一段时间内对品牌的印象加深，品牌的认知度获得提高。

一般来说，主播最大限度地提升产品价值之后，用户对产品会有很高的期望。这时，主播通过向用户发放优惠券降低门槛，然后利用饥饿营销进一步夸大产品的稀缺性，用户自然会经受不住诱惑而下单。

第3章

分析心理：
了解用户所思所想

学前提示

如果主播能够了解用户的心理，知道用户心中所想，那么说服用户购买产品将变得更加容易。

本章将分别对用户的常见心理以及应对用户心理的技巧进行解读，帮助大家了解用户的所思所想。

要点展示

- 了解用户的常见心理
- 解读用户心理完成直播带货

3.1 了解用户的常见心理

用户在观看直播进行购物的过程中，会呈现出一些心理变化，如果主播仔细分析用户在直播间内发表的言论，可以从中分析出用户的心理。本节将对常见的 7 种用户心理分别进行解读，以期能够为主播把握用户心理提供一定的借鉴。

3.1.1 从众心理

从众心理，即个人受到外界人群行为的影响，而在自己的知觉、判断、认识上表现出符合公众舆论或多数人的行为方式。在从众心理的影响下，人们看到一部分人的行为之后，会在潜意识中将此行为视为是他人根据某一事实做出的较佳选择。因此，即便不知道为什么要做出该行为，人们依然会加入其中，让自己看起来更容易融入环境，不至于显得格格不入。

许多人曾做过与从众心理相关的试验，结果证明，当人们看到周围人做出某一反应后，绝大部分人都会让自己融入其中，能在环境影响下保持独立性的人很少。也就是说，绝大部分人都容易受到从众心理的影响。

因此，用户在观看直播时，看到某款心仪的产品可能会咨询产品的销量，或者在评论区与其他用户互动，而一些用户看到这么多人在讨论该产品时，就会对该产品产生好奇，并衡量该产品是否值得购买，这是从众心理的表现，而引起用户从众心理的因素有两个，如图 3-1 所示。

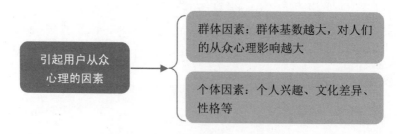

图 3-1　影响用户从众心理的因素

由此可见，从众心理对用户的购买决定有一定影响，甚至能够直接引导用户做出购买决策。主播只要把握好用户的从众心理，就能起到事半功倍的效果。

【案例展示】

主播：这款项链是×××(女明星)同款，也是我们直播间销量比较好的一款产品。×××出席新片发布会时戴的就是这款项链，下面我们来看一下她戴项链时的视频，大家可以看看效果。

用户 1：她戴着确实很好看，只是我们这种普通人与明星的差距就好比是买家秀与卖家秀，像我这种自身条件不怎么好的，戴着就土到掉渣了，哈哈！

用户 2：对啊，要是我们买回来戴着不好看，怎么办？

主播：部分宝宝担心自己戴这款项链不好看，我觉得大家完全没必要抱有这种想法，这款项链的好评率达到了 98%，我们还有许多用户戴这款项链的自拍照，大家可以去评价区看一下，找到更多实物参考！

主播：各位宝宝，你们要自信一点儿，我也是普通人，你们看我戴起来也很好看啊，所以大家要多尝试，这样才知道自己适合什么！

用户：我仔细看了别人的评价，这款项链是不错！我也下单，买来尝试一下。

以上为某主播与用户交流的部分内容，用户之所以下定购物的决心，主播运用从众心理进行的消费引导起到了至关重要的作用。

上述交流可分为两个阶段。第一个阶段，主播顺利以明星同款切入，并为用户提供相关视频，让用户获得穿戴效果，同时也在一定程度上利用了用户的从众心理，增加了产品对用户的吸引力。

第二个阶段，当用户质疑自身的穿戴效果时，主播先以为用户提供更多参考为由，亮出好评率，邀请用户查看评价信息，并鼓励用户，让用户建立起自信心。这不仅表达了对用户的重视，更体现了主播对产品的自信。在这两方面的影响下，用户自然愿意下单购买。

【技巧解析】

1. 利用名人效应

许多用户在潜意识里会认为名人用的东西比较好，所以当看到某名人也在用某产品时，用户通常会认为该产品更值得信赖，尤其是当用户对该名人有好感时，更容易爱屋及乌。

因此，主播在介绍产品时可以把握这一心理。在实际操作中，主播可以通过告知某名人是产品的代言人、某名人也是产品的用户、产品是某名人同款等方式，借由名人效应增加用户对产品的兴趣，引导用户消费。

2. 高好评率引导

除了利用名人与产品的关联性之外，许多用户在购物之前都会将对产品的评价作为评估产品好坏的重要依据。好评率较高的产品,用户更容易放心购买。因此,当产品的好评率较高时,主播可以亮出具体的数值,并将其与同类产品的好评率做比较,让用户认为该产品不仅是同类产品中销量较高的,还是口碑较好的。

例如,某主播直播带货时的表达,就利用产品的高好评率激发用户的从众心理,所以他总能抓住用户的痛点,让用户下单购买产品。在他的直播间,你会经常听到类似以下的说辞:"我们之前推荐过这款产品,当时卖出了几万套,好评率都很高哦""这个产品之前卖出了几万套,几乎没有差评"。这些推荐的话语都是他为了激发用户的从众心理而准备的。不仅如此,他还会用抽奖的方式留住观众,为用户营造更容易引发从众效应的直播氛围。

3.1.2 逐利心理

逐利心理,即已经得到利益却不知道满足,还希望得到更多。逐利心理主要体现为部分用户在直播间中虽然已经得到了一定的优惠,却没有因此下定购物的决心,而是想争取获取更大的优惠力度。

对于有逐利心理的用户,适当满足其心理要求是促使其完成下单的敲门砖。但这类用户通常比较贪心,如果主播单纯想通过满足其要求来达到说服用户下单的目的,那么很可能要给出非常大的优惠,才能让用户觉得满意。大幅度降价对商家来说并不划算,而且主播权力有限,无法决定产品的价格。因此面对这种情况,主播只能利用自己的口才说服用户。

【案例展示】

主播:我们这款套装共包括一条项链、一个戒指和一对耳环,可以说是比较齐全的一套银首饰了。今天我们直播间有优惠,只要219元,大家就能买到一整套银饰品。七夕节快到了,大家可以买回去送给女朋友哦!

用户:齐全倒是比较齐全,但是这个价格还是有点儿高啊!毕竟这只是银饰品!

主播:宝宝们,你们应该知道,饰品除了制作原料之外,工艺也非常重要。这套银饰品采用的是标准的925银,它不仅光泽柔和,佩戴还很舒适。其中的桃花造型设计很独特,所以这个价格还是比较值的。

用户:不瞒你说,这个套装我是挺喜欢的,但是我只是一个大学生,囊中羞涩,你就当做个好事,便宜一点儿吧!

主播:看到有宝宝要求便宜一点儿,那我今天再给大家发一拨福利,给大家打个九五折,好不好?

用户:再便宜一点儿嘛!我现在手上也就200来块钱,200块钱如果可以,我就买了。

主播：非常不好意思，我只是一个普通的主播，只能给你们争取到九五折的优惠。其实你去其他店铺看一下就会发现，同样的套装，其他店大多是卖250元左右。所以，我给你打九五折之后的价格真的是非常优惠了。而且现在还提供免费刻字服务，这个价格可以说是物超所值。

用户：那好吧！听你这么说确实是比较划得来，那我现在下单好了！

以上为某主播与用户沟通的部分内容，不难看出，该用户属于有逐利心理的一类人。即使主播已经做出了让步，用户还是希望可以更便宜一点儿。

面对这种情况，主播意识到继续让价可能解决不了问题，告知用户自己已经给出了最大的优惠，同时，主播将该产品的价格与其他店铺的销售价格进行比较，再次委婉地拒绝了用户的让价请求。当用户知道没有继续降价的可能后，便不再过多地计较产品的价格了。

【技巧解析】

1．适当满足贪欲

当用户怀有逐利心理时，主播一味地满足其要求，是无法解决根本问题的，但是如果主播直接拒绝用户，使用户觉得产品价格不划算的话，就可能会直接把用户赶走。因此，适当地满足用户的需求还是有必要的。

当然，主播还是要维护好商家的利益，不能在价格上做出太大让步。如果主播已经做出了一些让步，用户仍要求继续让价，主播可以通过告知用户给出的已经是最大的优惠，来避免用户继续纠缠价格。

2．强调物超所值

用户之所以会出现逐利心理，是因为主播给出的价格并不符合他的预期。针对这种情况，主播可以通过一定的语言表达技巧，让用户看到产品的价值，突出产品物超所值的优势，这样一来，用户降低对产品价格的要求之后，也就不会再过分纠结产品的价格了。

例如，主播可以通过讲解产品的制作工艺，让用户看到产品的价值，再通过价格上的比较，让用户意识到"当前"给出的价格远低于市场价，这也是一种不错的方法。

3.1.3　焦躁心理

焦躁心理是两方面的综合反映：一方面时间紧迫，用户急于完成某件事；另一方面这件事还未完成，用户会为此感到不安，甚至是心烦意乱。在事情比较紧急的情况下，用户有焦躁心理是可以理解的。

当然，理解归理解，主播还是需要做好自身的工作。为了避免出现意外情况，主播在面对焦躁型用户时一定要充分发挥引导作用。

【案例展示】

用户：主播请马上回复我，有急事，有急事，有急事，重要的事情说三遍！

主播：这位用户，请问您有什么问题吗？

用户：我在你们店购买的 A 产品，怎么还不发货啊？

主播：这样啊，您可以去咨询客服哦，我们直播间是不负责物流这一业务的，大家如果买了产品，有物流方面的问题，可以去咨询我们的客服姐姐。

用户：可是我很着急啊，客服没有回复我，三天后我要用这批货，你们发货这么慢，估计三天之内是到不了了。唉！这样大家还怎么敢在你们直播间买东西呢？

主播：我也知道时间宝贵，我们对待所有的用户都一视同仁，发货也是严格按照下单顺序来的。可能是最近订单比较多，我们发货的同事工作量比较大。您不要太着急，相信马上就可以给您发货了。

用户：唉！这可怎么办啊！如果再买一次，那买得又太多了，势必会造成浪费，而且网上买还不一定能在三天内送到。如果不买的话，又会打乱原来的计划，甚至影响整个安排。唉，好愁啊！

主播：您不必如此焦躁，这样吧，您可以在直播平台私聊我，把订单信息截图给我看一下，我帮您催一下我们的同事，或者提醒一下客服，让她帮您处理。

用户：真的吗？你可别骗我。

主播：您就放心吧！您在我们直播间买了东西，我们会对您负责到底的。

用户：听你这样说我就放心了，非常感谢你帮我解决这个问题。

上述为某主播与用户交流的部分内容，用户刚开始与主播交流时，其焦躁心理便显露无遗，这一点从用户连说三遍"有急事"就可以看出来。

面对这种情况，主播先是将交流的节奏把握在自己手中，通过询问了解用户的需求。在此过程中，虽然主动权始终在主播手中，但是仅凭这种不急不缓的询问仍旧无法解决用户的问题。因此，交流的后半程，主播在把握节奏的基础上，通过提出解决对策让用户的情绪慢慢平静下来。

【技巧解析】

1. 占据主动权

如果用户被焦躁心理占据，势必希望快速解决问题。但也正因为过于急切，在对问题的说明等方面，用户可能不太重视。而作为主播，只有在了解用户的问题之后才能有的放矢，找到解决问题的最佳切入点。

因此，即便用户是服务对象，主播也不能被急躁的用户牵着走。应该冷静面对用户，主动把握交流节奏，想办法让用户的情绪缓和下来，并通过交流尽可能全面地获得问题的相关信息。

2. 积极解决问题

在把控节奏之后，主播还需要在获取问题的基础上，对具体问题进行具体分析，寻找相应的对策，免除用户的后顾之忧。否则，用户的情绪虽然暂时缓解了，但是有再次爆发的可能。

3.1.4 泄愤心理

用户之所以会在直播间泄愤，可能是因为用户在该直播间购买的产品质量差，在自身负面情绪的影响下，对主播进行发泄；也可能是因为产品的售后服务不够周到，引起了用户的不满。主播可以在了解用户愤怒的原因之后，采取合适的方式疏导用户的情绪。

【案例展示】

用户：主播敢不敢出来吭一声？

主播：这位用户，请问您是遇到了什么问题吗？

用户：你们是不是觉得我特别傻？买了两件产品只给我发了一件！

主播：您是在我们直播间买的吗？确定只收到了一件产品？

用户：对！别告诉我你们发了两件货，还有一件人间蒸发了，不然我就在直播间里一直刷屏，让其他人不买你们的产品！

主播：您放心，既然您在我们这里购买了产品，我们就会负责到底。您联系我的小助理，他会帮助您查一下订单的物流情况。

(几分钟后)

主播：我的小助理帮您查了一下，因为您是分两次购买的，所以我们也是分两次发的货。其中一件产品显示已确认送达，还有一件产品的物流状态显示为配送中。您可以到您的订单中查看。

用户：难道是我没搞清状况，错怪你们了？我去看一下。

(几分钟后)

用户：还真是有一件货在配送中，是我没搞清楚状况就把责任推到你们身上了，实在是不好意思。

主播：亲，不必自责，出现这样的问题，我们也有责任。如果当时发货的同事能够做好订单的整合工作，将您购买的产品同时打包就不会给您造成困扰了。对此，我们深表歉意。

用户：你这样说我都有些无地自容了，和你们的服务态度相比，我的态度实在是……唉，不说了，我关注你了。下次有需要再来麻烦你们。

主播：亲，您实在是太客气了，只要有需求欢迎来我的直播间！

以上为某主播与用户的部分交流内容，主播面对用户的泄愤心理，不但没有被用户的情绪影响，还为用户提供了解决问题的方案，积极承担责任，向用户表达歉意。

这不仅大大缓解了用户的尴尬，更让用户觉得主播勇于承担责任，也让其他观看直播的用户对主播留下了好印象，甚至有可能直接促使部分用户关注主播，成为主播的忠实粉丝。

【技巧解析】

1. 适当示弱

面对泄愤的用户，主播可以适当示弱，安抚用户，让用户的心情慢慢平复下来，然后再探寻其愤怒的原因，找到解决方案。这样不仅可以对用户的情绪起到正面的引导作用，还能让观看直播的其他用户感受到主播负责任的态度。

当主播遇到一些被泄愤心理所驱使的用户时，如果言行举止过于强势，很容易激发这些用户的情绪，一旦这些用户在直播间内刷屏、谩骂主播，那么整个直播间就会陷入混乱。

2. 避免争吵

当用户怀着泄愤心理与主播沟通时，如果主播不懂得避让，而是想着据理力争，很可能会让事态变得更严重。因此，即便主播没有过错，也应该将责任揽在自己身上，这可以在用户心中塑造主播敢于承担责任的形象，让用户对主播多一分信任感。

3.1.5 虚荣心理

虚荣心理是由于人们过于看重荣耀、过分保护自己的自尊心而产生的一种不正常的社会情感和心理状态。有虚荣心理的人主要特点是想在人群中突出自己的位置。典型表现是通过与其他人的比较，突出自己在某方面的优势。用户有虚荣心理，体现在以下 3 个方面，如图 3-2 所示。

在直播的过程中，主播可能会遇到两种虚荣型用户，一是要面子型，二是装专家型。下面将分别对这两种虚荣型用户进行解读。

1. 要面子型用户

一部分用户之所以购买商品，是因为周围的高端人士也在使用该产品，购买该商品是为了融入高端人士的圈子，其实质是想通过购买物品让自己觉得有面子，维护自己的自尊心。

分析心理：了解用户所思所想　第3章

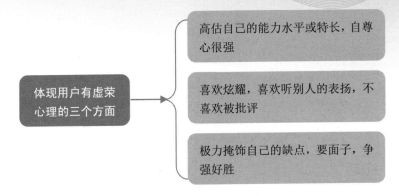

图3-2　体现用户有虚荣心理的三个方面

这类用户往往会将产品是不是正品作为关注的重点，因为在他们看来，只有买到正品，才敢大大方方地拿出来让他人观摩。如果买到的并非正品，就一定会被嘲笑，这花了钱不算什么，最关键的是自己面子挂不住。

2. 装专家型用户

此类型的用户可能对购买的产品有一定的了解，这种了解通常停留在浅层。但用户认为自己非常了解产品的相关信息，甚至可以说是这一方面的专家，即便是卖家也应该听从自己的专业意见。

当然，有的用户之所以会装专家，可能并不是虚荣心理在作怪，而是暗示主播自己对产品有一定的了解，主播不能像对待"小白"一样，随意忽悠自己。

【案例展示】

主播正在直播间介绍一款手机，一位用户对手机的质量提出了怀疑。

用户：看了这款手机的评价之后，我怀疑这款手机不是正品。

主播：看到有宝宝怀疑我们这款手机不是正品，在这里，我郑重地告诉大家，我们和该品牌是合作伙伴，我保证所销售的手机都是正品，如果大家买回去发现有问题，7天内是可以退货的。

用户：我关心的不是能不能退货，而是买到的是不是正品。价钱也就几千块钱，但是如果我的朋友发现我的新手机是假货，那我就丢人了。

主播：如果实在不放心的话，我可以给大家提供验证产品是不是正品的方法。这个品牌的手机都有一个专属序列号，大家可以到该品牌的官网中输入序列号进行验证，立马就会有结果。

用户：那好吧，我收到货后按你说的方法试一下。

主播：宝宝们放心，我们会负责到底的，如果查出来不是正品，我们会进行3倍赔偿。

以上为直播时某主播应对用户的疑问的部分内容，案例中，用户关注的重点并不是金钱上的损失，而是产品如果不是正品会让他觉得很没有面子。很显然，该用户是典型的爱面子型用户。

主播在与该用户沟通的过程中，先是说出 7 天可退货，想给用户一颗定心丸，但这个方法并没有很大的效果。于是，主播改变方针，为用户提供了验证是否为正品的方法，并做出相关保证，才取得了用户的信任。

【技巧解析】

1. 应对要面子型用户

对于要面子型用户，主播在与之交流时应以呵护其心理为基础，即便他们在交流中露出了马脚，也不宜当面指出，更不能像对质一样与用户就某一问题进行争论。

因为要面子型用户往往比其他人更注重自尊心的保护，如果主播指出了他们的问题，他们可能会觉得无地自容，为了避免伤疤再次被揭开，这类用户势必会尽可能避免与看到自己窘境的主播相遇，也就是不会再到该直播间购物。因此，如果主播不能呵护要面子型用户脆弱的自尊心，很可能就失去了一位用户。

2. 应对装专家型用户

对于装专家型用户，主播需要尽可能维护用户为自己塑造的高大形象。如果用户的某些错误实在是无法绕过去，可以通过提醒、建议之类的话语对用户进行暗示，尽可能呵护用户的自尊心。这不仅可以避免拆穿用户带来的尴尬，还可以让用户的虚荣心得到满足，在用户心中树立"懂事"的主播形象。

3.1.6 逆反心理

逆反心理，即当一方就某事提出建议、看法时，另一方为了所谓的自尊或标新立异，采取相反的行为或动作的一种心理。逆反心理在青少年的成长过程中较为常见，具体表现为：当父母就某一问题提出要求时，部分青少年为了心里痛快，不管结果会怎样，一味地与父母对着干。

虽然大多数观看直播的用户都是成年人，心智比较成熟，能够控制自己的情绪，但是仍有小部分用户在情绪不好的时候会产生逆反心理。此时，作为主播，你要做的不是不停地劝导用户，而应在顺从其心理需求的基础上，采取一定的举措消除用户的逆反心理。

【案例展示】

用户：主播你怎么不理我啊？

主播：这位名字为×××的用户，请问您有什么疑问吗？

用户：你推荐的这款洗面奶跟其他产品相比，有什么优势吗？

主播：我们这款洗面奶不但性价比高，而且适合所有肤质，我自己用的也是这款，个人感觉还不错，纯属良心推荐，亲可以买一瓶试试！

用户：性价比高？你是怕我买不起吗？我要的不是适合你的，而是适合我的，你就不能推荐一款贵点儿的吗？这么便宜，质量有保证吗？

主播：是我考虑不周了，我们待会儿会推荐一款价格稍高，同样也是适合所有肤质的洗面奶。那款洗面奶很多明星都在用，销量非常好。

用户：什么时候讲解那款洗面奶？

主播：慢慢来，您不要这么着急，像这种受欢迎的产品肯定要在重要的时间推荐给你们呀！

用户：好吧，那我等你介绍那款产品。

以上为某主播与用户的部分交流内容，一开始用户的逆反心理很严重，甚至有些故意找碴儿的意味。无论主播怎么回应，她都会说出一些比较冲的话。而该主播的高明之处就在于，反应快速，能够顺从用户的心理需求，并及时为用户提供一个台阶。

另外，在此过程中，主播及时缓解气氛也起到了关键作用。主播不仅将过错都揽在自己身上，还通过积极引导避免与用户针锋相对造成尴尬，让用户感受到自己的善意，并最终帮助用户赶走了负面情绪。

【技巧解析】

1. 提供一个台阶

当用户出现逆反心理时，只有不明智的主播才会与用户针锋相对，因为这样不仅会难以获得预期的销售效果，还有可能让主播自身的情绪因用户的影响而走向负面。这对主播来说就有些得不偿失了。

因此，当遇到有逆反心理的用户时，主播应该在配合用户的基础上，为用户的情绪提供一个宣泄的渠道，让用户有台阶可下。

2. 调整用户的情绪

除了不与用户针锋相对之外，对用户的逆反心理坐视不理也不是明智的选择。因为如果不能有意识地引导用户的情绪，用户就会觉得自己不被重视，甚至会将下单购物等同于花钱受罪，进而选择离开该直播间。因此，对于用户的逆反心理，主播应该积极引导，通过营造轻松的氛围，潜移默化地影响用户，让用户能尽快调整自己的情绪。

3.1.7 疑虑心理

疑虑心理，简单理解就是过分担忧。因为与在实体店购物不同，直播购物时用户只能从视频中了解产品,不能实际感受产品的品质,所以部分用户会对产品的质量有疑虑。对此,主播需要尽可能消除用户的疑虑,这样才能达到说服用户下单购买产品的目的。

【案例展示】

　　用户:你推荐的这款产品我个人觉得挺不错的,可是毕竟看不到实物,我心里还是有一些疑虑。

　　主播:您有疑虑是可以理解的,如果是我,我也会有疑虑,就是不知道您能不能说出您的疑虑呢?

　　用户:首先,这是易碎品,我担心产品会在运输过程中损坏。

　　主播:确实,对于易碎的产品,您的想法我可以理解。不过请您放心,我们在包装方面做得比较专业,基本上不会出现产品被损坏的情况。

　　用户:哦,这我就放心了。其次,因为我这次要买的产品比较多,我总担心会发错货。

　　主播:我们至今还未出现过发错货的情况,这一点您也可以放心。

　　用户:那如果我5天后要用这些产品,我能不能在此之前收到货?

　　主播:一般情况下,如果您所在的城市离我们不是很远,3天之内您应该就能收到产品。所以,您可以放心,我保证您在5天内可以收到产品。如果快递逾期,您直接退货退款,我们会给您补偿。

　　用户:听你这么说,我的疑虑基本上消除了。好吧,我相信你了。我这就去下单,希望能早点收到产品。

　　以上为某主播与用户沟通的部分内容,用户对于此次购物有诸多疑虑。如果主播不能消除其疑虑,用户很难放心购物。

　　对此,主播先是通过询问了解用户的疑虑,然后,对用户的疑虑表示理解,最后,针对用户的疑虑进行了具体的解释。用户在看到主播的回答之后,终于放下了心中的大石头,并表达了下单购物的意愿。

【技巧解析】

1. 对用户表示理解

　　因为直播购物自身的属性,用户对于将要进行的交易有疑虑是很正常的事。尤其是网购新手或者曾经在网购中吃过亏的用户,他们对于网购的疑虑可能会比一般人更多一些。

　　对于用户的疑虑,主播首先要做的就是表示理解。一方面,倾听用户的想法,了解情况;另一方面,表示理解,能够稳定用户的情绪,让用户更容易接受主播接下来提供的解决方案。

2. 消除用户的疑虑

有时用户的疑虑比较多，主播还需要多一些耐心，针对用户的疑虑，分别进行解释，逐个消除用户的疑虑。

3.2 解读用户心理完成直播带货

用户在购物过程中的心理是多种多样的，一旦主播处理不好，就有可能失去用户。用户的心理也是有迹可循的，主播只需根据用户的心理采取相应的沟通技巧，便可游刃有余地进行沟通，获得用户的好感。

3.2.1 满足用户的心理需求

用户之所以和主播进行沟通，除了让主播充当产品推荐者之外，可能对于沟通本身还有一定的需求。例如，有的用户希望主播能够尊重自己；有的用户希望主播能够按自己的要求准确地推荐产品，从而更快地找到适合的产品，提高购物的效率。作为产品的推荐者，主播需要做的就是尽可能地满足用户的合理需求，促使用户下单购买产品。

【案例展示】

用户：主播，可以回答我几个问题吗？

主播：这位用户，您想问什么问题呢？

用户：我刚刚看了你介绍的这款烧烤架，有几个问题想问一下。

主播：嗯，好的，您请说。

用户：我这个星期天要用，现在下单能不能在这之前收到？

主播：这一点您可以放心，小店寄的快递都是比较快的，通常下单后两天内就可以收到。今天才星期一，您一定可以在周末之前收到货。

用户：那就好。我注意到你们这个烧烤架需要自己安装，那安装起来麻不麻烦？大概需要多长时间呢？

主播：您放心，安装起来非常简单，产品说明书中还配有安装图解，您只需按照步骤操作，5分钟便可以完成安装。

用户：这样啊，那还挺不错的，我就拍一个吧！

以上为某主播与用户沟通的案例，主播出于满足用户心理需求的目的回复用户的问题。虽然该主播的答案不一定准确，但是能让用户对相关问题有一个大致的把握，这样的答案对用户来说是有用的。

【技巧解析】

1. 揣摩用户心理

在与用户沟通的过程中，主播如果想满足用户的心理需求，首先要做的就是揣摩用户的心理，判断用户是怎么想的。要实现这一点，主播需要在沟通过程中多观察、分析用户的诉求。例如，上述案例中的主播通过用户咨询物流和产品安装问题，判断该用户不仅希望能够快速收到产品，还希望产品安装起来不麻烦。

2. 提供有用的信息

通过揣摩用户心理，了解了用户的需求之后，主播只需要提供用户想要的信息，即可增强用户的购物欲望。这里所说的"有用的信息"，就是针对用户关心的问题提供的信息，这些信息能够增加用户对产品和相关服务的了解。

3.2.2 用情感牌打动用户

主播是一个直接与人，更准确地说，是与众多陌生人打交道的职业，它要求从业人员具备较强的人际交往能力。如果用户第一次来到某直播间，对该直播间的主播是一无所知的，也正是因为陌生，用户很可能会担心主播是在忽悠自己。

在这种情况下，如果主播不能让用户卸下防备，取得用户的信任，用户很可能就会因为不放心而打消购物的念头。这样一来，主播想要达到销售目标就变成了难事。

人是一种情感动物，只要主播与用户建立情感的联系，打好感情牌，用户通常就会因为与主播熟识而卸下防备心，甚至把主播当成自己的朋友。出于信任，用户自然会放心购买主播推荐的产品。主播与用户情感联系的构建可分为如下3个层次。

(1) 迎合，获认同。

迎合以获得认同感是主播构建与用户的情感联系的第一个层次，也是一个必经的过程。主播通过与用户的交流，投用户所好，有意迎合用户，从而让用户对自己产生认同感，达到拉近彼此距离的目的。

(2) 引导，博好感。

引导用户完成购物，并让用户产生好感，是主播构建与用户的情感联系的第二个层次。主播的主要目的就是让用户下单购买产品。要达到这个目的，主播往往还需要获得用户的好感，充分发挥积极性，对用户进行有意识的引导。

(3) 赢得回头客。

主播构建与用户的情感联系的第三个层次，就是成功引导用户完成本次购物，让用户对主播留下较好的印象，并使其成为直播间的忠实粉丝。

【案例展示】

某主播正在讲解产品，偶然看到某用户在直播间发表的评论。

用户：女朋友生日快到了，我想给她买一个生日礼物，有什么好的推荐吗？

主播：名字为×××的用户，我能问一下您女朋友平时有什么爱好吗？

用户：她对美妆产品很感兴趣。

主播：这样的话，您就买刚刚我讲解过的 5 号宝贝呀！这款宝贝是很多用户送礼的首选，相信您女朋友一定会喜欢的。

用户：这个产品看上去确实不错，但是价格略贵啊！

主播：这是明星同款，明星同款价格确实不便宜，不过，能让女朋友觉得幸福，我觉得这个钱花得还是值得的。

(主播将产品展示在镜头前。)

用户：这款产品看起来做得很精致啊！

主播：当然了，这款产品的外形设计也很有特点，您女朋友收到这样的礼物，肯定会很喜欢的。

用户：那好啊，我这就下单吧！

主播：感谢您的支持！记得关注我哦，如果下次有需求，记得联系我。

用户：没想到在直播间问问题的人那么多，你居然会注意到我。我已经关注你啦，谢谢你给我提的建议！

以上为某主播与用户在线沟通的部分内容，该主播不仅成功地与用户构建了情感联系，更是达到了情感构建的第三个层次。可以说，该主播与用户的此次交流是非常成功的。

分析这个案例就会发现，该主播之所以能够打动用户，很关键的一点是让用户感觉自己受到了重视。主播在讲解产品的过程中与用户互动，其实就是在用感情牌打动用户。

【技巧解析】

1. 啰唆不是重视

部分主播很可能认为，在直播过程中多说话就是重视用户的表现，其实不然。主播没完没了地说话，用户可能会觉得主播过于啰唆，直播没有看点，长此以往，用户很容易对主播产生厌烦的情绪。

因此，主播在直播时，应该认真倾听用户的提问，并进行有效的交流和解答，不必说一些用户不感兴趣的话题。还可以任用小助手负责直播答疑，这样有利于直播间的有序管理。

2. 不要过度推销

一些刚进入直播带货行业的新手主播很容易犯一个错误,那就是直奔主题,将自己推销产品的目的展露无遗。对此,主播需要明白,你与用户此时还是陌生人,如果面对一个直接向你兜售产品的陌生人,你会轻易相信他的话吗?

当然,一些用户可能会因为价格优惠等原因完成产品的购买。但是,如果用户观看直播时感觉你只是不停地引导他消费,自然无法构建情感联系。

3.2.3 不要随便拒绝用户

除了自身有需求之外,许多用户最终选择购买某产品,还是因为该产品及主播给他们留下了较好的印象,所以主播在服务的过程中需要尽可能让用户感觉心里舒坦,通过服务给用户留下好印象。

因此,即便用户提出的要求有些过分,主播也不应直接拒绝。当然,不直接拒绝并不代表要一味顺从。对于一些不合理的要求,主播可以用相对委婉的回答来化解。

【案例展示】

用户:你好,2号产品可以再展示一下吗?

主播:这位用户,2号产品我已经讲解过了,您可以看看回放。

用户:我看了,但是你讲得太快了,有很多问题都没来得及问。

主播:不好意思,2号产品已经讲解过了,我暂时没时间再讲解一遍,因为我们还有很多产品没有讲解。

用户:可是你讲解的速度确实太快了,我相信很多看你直播的用户都有这种感觉。我看有很多人对2号产品感兴趣,你花两分钟再补充讲解一下应该可以吧?毕竟这款产品价格比较贵,要是我们不了解它,买回来不合适怎么办?

主播:我们的直播间都是有流程安排的,不是大家想要我讲解什么产品,我就讲解哪个。

用户:我不是强制你讲哪一款,而是想多了解一些2号产品的信息,你这样的服务态度,我还是不要在你们直播间买东西了。

以上为某主播与用户沟通的部分内容,在这段对话中,主播不仅多次拒绝用户的请求,而且拒绝用户时并没有给出有说服力的理由。因此,即使用户对产品再感兴趣,在看到主播的服务态度之后,也会选择放弃下单。

【技巧解析】

1. 学会委婉地拒绝

作为一名主播，难免会遇到一些提出不合理要求的用户，如果直接拒绝，很可能会让用户觉得没面子，这样一来，用户的心情势必会受到影响，引导用户消费的难度也会大大增加。主播可以通过委婉的方式进行拒绝，给用户一个信服的理由。因为即便用户的要求有些过分，但至少仍有购物的需求，如果主播直接拒绝，就相当于断了用户再次光顾的念头。

2. 可以提供建议

主播在委婉拒绝用户的同时，可以给用户提供建议，帮助用户解决当前的需求。当用户的要求不合理时，主播也可以通过提供建议让用户感受到善意，进而让用户从路人转化为直播间的粉丝。

3.2.4 把握心理，对症下药

人的心理是复杂的，在与用户沟通的过程中可能同时呈现出多种心理，也有可能会由一种心理变为另一种心理。主播要想提高沟通的成功率，就需要把握用户的心理，对症下药。

【案例展示】

用户：主播在吗？主播在吗？主播在吗？速回，在线急等。

主播：您好，不知道有什么可以为您效劳的？

用户：秋天的气温降得猝不及防，我想买一件外套，你赶紧给我推荐一下。

主播：您看一下我上架的链接，有很多款式，您喜欢哪一件呢？我可以给您介绍一下。

用户：我现在比较急，你直接推荐吧！

主播：您也说了，现在很急，那您告诉我您的需求吧！否则我推荐的产品不能让您满意，反倒会浪费您更多宝贵的时间，您说是不是？

用户：你说得也对。我想买一件秋天穿的外套，最好是修身款的，不要太厚；颜色的话，黑色的吧，不显脏；价格在500元以内就可以。当然了，衣服的质量不能太差，款式不能过时。

主播：嗯，您看A款夹克怎么样？这款夹克是小店卖得比较好的秋款外套之一，因为款式设计比较潮，所以深受年轻人的喜爱。

用户：衣服倒是不错，就是不知道价格高不高。

主播：不瞒您说，这款外套原价为648元，我们直播间卖550元，这个价格已经很划算了，您看看它的布料，是值这个价钱的。

用户：这件衣服确实还可以，500元吧！500元我就拍一单。

主播：我也想给您更优惠的价格，但是我们直播间的价格已经是优惠价了。

用户：好吧，这个价格我接受了。只是我还有一些疑问。

主播：您请说。

用户：我前面也说了，我比较急，希望能够快一点儿收到货。如果我今天下单，大概什么时候能收到货？

主播：这一点您放心，小店选的都是速度比较快的快递公司，一般情况下，用户在下单后的3天内都可以收到货。

用户：这样啊！那我下单吧！希望不要让我失望！

以上为某主播与用户沟通的部分内容，在沟通的过程中，用户的心理是有明显变化的。一开始，用户非常焦急，只想快点买到合适的衣服，属于典型的焦躁心理；而在主播推荐产品之后，用户则被逐利心理占据，想在沟通中谋求更优惠的价格；在接受了价格之后，用户又出现疑虑心理，担心运输时间过长。

面对用户不断变化的心理，主播在沟通的过程中根据不同的心理表现，对症下药，很好地解答了用户所有的疑问，用户也放心地完成了下单。

【技巧解析】

1. 耐心面对用户的心理变化

在与主播沟通的过程中，用户的心理可能会出现变化。主播需要在沟通过程中多一分耐心，在分析用户心理的基础上，采取对应的沟通策略。因为用户既然一直与你沟通，就说明这笔订单还是有望达成的，如果主播觉得用户太麻烦，并显示出不耐烦的情绪，用户就很可能觉得主播的服务态度不够好，从而放弃在该直播间购买产品。

2. 根据用户的心理对症下药

面对用户的不同心理，主播一定要对症下药，制定差异化的沟通策略。当用户呈现某种心理时如此，当用户的心理多变时更应该如此。主播只有找到更合适的策略，才能在增加用户满意度的同时，提高自身的工作效率。

第4章

灵活沟通：
构建良好直播氛围

学前提示

　　主播是产品与用户之间联系的纽带。主播想要达成说服用户下单购买产品的目的，就必须拥有良好的沟通能力。

　　因此，主播在与用户沟通时，掌握灵活沟通的技巧，为用户创造良好的交流氛围至关重要。

要点展示

- 做好用户的倾听者
- 问清用户的痛点
- 不让价也能让用户欣然接受的技巧

4.1 做好用户的倾听者

倾听,在沟通中起着重要作用。每个人都有表达的欲望,用户也不例外。因此,主播在直播时可以多引导用户表达想法,自己则做一名忠实的倾听者。只有这样,主播才能明白用户的真正需求,知道用户遇到了哪些问题,了解自己的工作还有哪些需要改善的地方。

4.1.1 站在用户的立场倾听

倾听要做到有效、到位。这要求主播站在用户的立场上倾听,从用户的角度出发,才能明白用户的真正需求,从而推荐用户需要的产品,为用户提供满意的服务。

【案例展示】

主播:关于我刚刚讲解的这款产品,大家还有什么问题要问我吗?

用户:如果我买了这款产品,它存在质量问题,可以退货吗?

主播:当然可以退货,你们要相信我们,我们是不会做伤害消费者权益的事情的。

用户:如果我收到产品,超过7天了,可以退换货吗?

主播:这样是不能退换的,我们是7天内无理由退换的。

用户:那特殊情况呢?如果我买了之后没有穿过,鞋子还是新的,但是我用不上了,这样的话可以退货吗?

主播:我明白您的意思,如果是特殊情况,我们双方可以沟通协商,看是否能够退货。

用户:明白了,感谢你为我解答疑惑,我感觉你们还是挺为消费者着想的,我应该关注你才是。

主播:您客气了,欢迎关注我哦。

以上为某主播与用户沟通的部分内容,主播在倾听用户需求、回复用户退换货问题时,真正做到了换位思考。不仅如此,该主播在为用户排忧解难的同时,还建立起了为广大消费者着想的主播形象。

【技巧解析】

1. 多倾听用户的意见

只有倾听用户的意见,才能知道用户的想法,更好地站在用户的角度进行思考。

因此，在与用户沟通的过程中，主播一定要学会多倾听用户的意见。

2. 抛弃自己的成见

主播要真正做到站在用户的立场倾听意见，就要学会换位思考。在换位思考的同时，主播还要抛弃自己的主观成见，这样才能真正做到为用户着想。否则，即使主播已经换位思考，站在了用户的立场上倾听，也会因为自己的主观成见而做出不理智的决定。

4.1.2 正确回应用户

倾听并不只是简单地听，它是一个双向沟通的过程。在倾听时，主播可以给用户一些积极的回应，让用户感觉自己被尊重、被重视了。虽然倾听的目的是了解用户的需求，但是在倾听的过程中，主播并不能保证用户会向自己坦诚表达内心真实的想法。此时，主播要适当引导用户，向用户传达"说下去"的信号。

【案例展示】

用户：主播，我想买条裙子，但是我不知道你现在介绍的这条是否适合我。

主播：这位宝宝，冒昧问一下，你平常穿衣偏向于哪种风格呢？对买裙子有哪些要求？

用户：我平常主要穿裤装，很少买裙子。要说我喜欢哪种风格的裙子，我喜欢碎花连衣裙。

主播：眼光真不错，今年特别流行碎花连衣裙，还有其他要求吗？

用户：我希望价格不要超过200元，因为我是学生，生活费不是很多，还有就是，我个子不高，不要太长的裙子，颜色的话我觉得冷色系好点。

主播：好的，明白。还有其他的要求吗？

用户：没有了。

主播：亲，我了解你的要求了，我们下周将上架的××系列连衣裙，价格不贵。裙子是中长款雪纺的碎花连衣裙，不管是价格还是外形设计，基本上都能够满足你的需求。虽然我现在试穿的这款跟你的要求不太符合，但是你也可以了解一下，毕竟只有多尝试，才知道哪种风格适合自己，你说是不是？

用户：好吧，我觉得还可以，那我就买这条试试吧！

主播：好的，收到产品后觉得满意的话可以给我们一个好评哦！

以上为某主播与用户沟通的部分内容，主播在倾听的过程中，给了用户很多的表达机会，并对用户进行了赞美，增强了用户表达的信心。主播在认同用户需求的情况下，进行了适当的引导，将话题转移到了所讲解的产品上，在正确回应用户的情况下掌握了沟通的主动权。

【技巧解析】

1. 适当沉默

倾听并不是要求主播一直保持沉默，而是要求主播把握好沉默与表达的时机，给用户表达的机会。主播与用户沟通时，可以通过用户的语言判断他们是否有表达的欲望。在用户的表达兴致高涨时，主播要适当保持沉默，示意用户继续说下去。

2. 适当赞美

主播作为一名倾听者，可以适当赞美用户，让用户感觉自己受到了肯定、认同，使用户增强"说下去"的自信心。适当赞美也是一种重要的沟通技巧，只要使用得当，就可以快速拉近用户与主播的距离。

3. 适时询问

主播在倾听时，适时向用户提出问题，一方面，可以获得更多关于用户的相关信息，另一方面，可以通过询问来判断本次倾听是否结束了，从而开始下一步的服务工作。

例如，在用户说完自己的想法之后，主播可以询问用户："明白了，你还有其他的问题吗？"如果用户已经表达完毕，主播就可以把话题转移到要推荐的产品上。

4.1.3 摘要复述用户的话意

主播在倾听用户表达时，可以摘要复述原话给用户肯定的回应。摘要复述用户的话意表现在两方面：一方面，主播在倾听过程中把用户原话抛向用户，以表达对用户的肯定与理解，让用户产生成就感；另一方面，主播在倾听用户的表达之后，可以对用户所表达的内容进行归纳和总结，把重点内容划分为几个要点，复述给用户。

【案例展示】

主播：宝宝们，接下来你们想要我讲解哪款产品呢？

用户1：主播，给我们讲解一下A款产品。

主播：A款，好的，这位宝宝说想让我讲解A款产品，其他宝宝还想要我讲解哪款产品呢？

用户2：给我们讲解一下B款产品吧，我想买，你可以试用一下吗？

主播：好的，这位宝宝说想让我试用一下B款，当然可以啦。那接下来，我就开始讲解A款和B款产品啦，大家准备好了吗？

以上为某主播与用户互动的部分内容,主播在倾听用户的需求时,不断复述用户的需求,不仅让用户感觉自己得到了重视,还活跃了直播间内的氛围,让更多用户参与到互动之中。

【技巧解析】

1. 复述用户原话

复述用户原话,是提高沟通融洽度的一种有效方法。在倾听中把用户的原话作为回应,可以表现出自己在认真听。例如,用户说:"我觉得手机就得买个贵点儿的,一分钱一分货。"主播马上回答:"是啊,手机买贵点儿的好。"通过复述用户的话,让用户觉得自己所说的内容被人肯定了,那么主播向用户介绍产品时,促成交易的可能性也会提高。

2. 归纳总结要点

当用户的表达杂乱无章时,主播可以将用户的表达内容简要复述给用户,再跟用户确认是否有需要补充的地方。主播在与用户沟通时,哪怕已经很仔细地倾听用户的谈话了,有时也会不小心遗漏。因此,主播归纳总结用户的话意,可以避免遗漏或误解用户要表达的意思。

4.1.4 观察用户,分析话意

用户的话外之音,就是他们因为某种原因不愿意直接表达的内容。用户的话外之音往往会在他们的语言中流露出来,这需要主播有敏锐的观察力。在沟通中,学会倾听用户的话外之音,才能更高效地了解用户的真实想法,把服务工作做好。

【案例展示】

用户:我想问一下,你们是怎么发货的?

主播:亲,您好,我们店是在下单后 48 小时之内发货。

用户:我是问你,为什么我还没有收到我的产品?

主播:亲,您的意思是没有收到产品吗?正常来说,您下单后 5 天内是可以收到货的,请耐心稍等几天哦!

用户:你们的服务还真是不错!

主播:感谢您对我们的认可,我们会再接再厉的!

用户:我就不给你们店添麻烦了,我申请退款。

主播:亲,不麻烦的,您为什么要退款呢?我们的产品已经在路上了,您过两天就能收到了。

以上为某主播与用户沟通的部分内容,从两人的对话中可以发现,该用户的语言与态度蕴含着另外一层信息,但是主播却没能注意到。因此,这位主播只是顺着用户的字面意思去理解用户,自然是闹了笑话。

【技巧解析】

1. 观察用户性格

主播要有能听出用户的弦外之音、观察用户性格特征的能力。直播时,主播可以通过用户发表的言论对用户的性格特征做出基本的判断。通过这些性格特征,主播可以分析出用户在沟通中可能带有哪些弦外之音。

2. 丰富社会阅历

主播接触的用户大部分都是有社会阅历的,这些用户有不同的表达技巧,主播要丰富自己的社会阅历,才能听出不同用户的话外之音。要丰富社会阅历,主播可以通过日常细心观察直播间内的用户来实现,也可以在个人生活中通过与人交流而习得。需要注意的是,丰富社会阅历需要很长时间,主播要有足够的耐心。

4.2 问清用户的痛点

发问是了解用户的前提,当主播需要了解用户的性格与真实想法,或是向用户确认其真实目的时,都需要向用户发问。除此之外,遇到因愤怒而不理智的用户,发问也是一种比较好的安抚用户情绪的方式。

4.2.1 培养爱发问的习惯

主播与用户的交流是由发问开始的。因此,主播要养成主动发问的习惯,这有助于拉近主播与用户的距离。

【案例展示】

主播:我们还有10分钟就下播啦,大家还有什么问题,现在可以问我哦。

用户:下次直播有没有×××品牌的散粉啊?

主播:目前没有,我会把您的需求记下来,您可以关注后续直播。

主播:看到大家都说没有什么问题了,那我来问一下大家,刚刚我给大家分享的护肤小技巧,大家都学会了吗?

用户：学会了。

用户：还有其他的小技巧吗？我想问一下，皮肤敏感要怎么改善啊？

以上为某主播与用户沟通的部分内容，通过发问，主播不但了解了用户的需求，还可以引发用户的讨论，从而活跃直播间的氛围，提高用户的黏性。

【技巧解析】

1. 在合适时机发问

虽然爱发问是好事，但是如果主播向用户发问时不注意时机，且发问过于频繁，很容易使用户感到厌烦。因此，只有在合适的时机发问，才能让用户配合自己，从而获得用户更多的信息。

例如，主播在讲解完一件产品后，可以询问用户还有哪些问题需要了解，在直播结束前，可以询问用户一些有关产品的需求信息。

2. 发问要兼顾细节

主播向用户发问时要兼顾细节，只有问清细节，才能更加透彻地了解用户的想法，等主播对用户有了大概的了解，双方的沟通就会更加顺畅。

4.2.2 别带有苛责的意味

主播在发问时要注意自己的语言，不要有责怪用户的意思。作为消费者，用户都认为自己有权利享受优质的服务，对服务挑剔也是正常的，所以主播的语言中哪怕带有一点点批评的意味，也很容易让用户产生不满的情绪。

【案例展示】

用户：我在你们店买的外套，怎么扣子这么容易掉呢？

主播：这位名字为×××的用户，你确定衣服是在我们直播间买的吗？

用户：订单号是××××××。这衣服我还没有穿过，扣子就掉了，质量这么差，以后谁还敢在你们店里买衣服？

主播：我助理刚刚查了你的订单，系统显示你的产品已经签收一个星期了，按理说已经过了退货的时间，你收到快递的时候衣服扣子应该是完好的吧？

用户：你什么意思？你是怀疑这个扣子是我弄掉的吗？衣服我虽然签收了，但是我并没有拿出来仔细看过。

主播：对不起，我并没有怀疑你。我可以保证，直播间的每件产品在出库前都会有专人进行检查。但是我们没有办法保证产品出库之后，是否有其他因素导致扣子掉了。你签收产品的时候为什么不打开确认一下是否完好无损呢？

用户：你说什么？你的意思是我签收快递时疏忽了？先不说你们店产品有没有问题，就凭你这个服务态度，大家怎么敢在你直播间买东西！

以上为某主播与用户沟通的部分内容，主播在向用户发问时，没有注意使用合适的语言，例如"你收到快递的时候衣服扣子应该是完好的吧？"这句话的语气含有质疑用户的意思，用户领会其中的意味之后，遂勃然大怒。

【技巧解析】

1. 避免用语不当

主播在向用户发问时，一定要避免用语不当。一旦因用语不当而激起用户不好的情绪，主播将很难与用户解释清楚其中的缘由。因此，主播在向用户发问时，要先组织好语言，再思考自己的表述是否有不恰当的地方，最后再发问。例如，在向用户确认时用"是吗"代替"吧"，语气会显得轻松一些，同时要避免使用"为什么不"这类问句。

2. 委婉提出建议

向用户提供建议时，主播要避免使用问句，用户都爱面子，哪怕是用户错误操作导致的问题，主播也不能直接指出用户的错误，而是应该委婉地给用户提出建议。

主播可以先肯定用户，例如，用"您说的是"这类句子；接着，主播可以委婉地向用户提出建议，使用"我这里也有一个小建议，您可以……"这类句子来委婉地提出自己的想法。

4.2.3 发问应围绕核心主题

对于主播来说，任何时候的发问都应该以用户遇到的问题为核心。主播对于用户的发问应该具有引导性，能引导用户围绕所遇到的事情做出具体的叙述。因此，主播在发问时不可偏离主题。

【案例展示】

用户：你们直播间的衣服怎么这么贵？

主播：我们的产品质量都比较好，价格上有点儿贵是很正常的。

用户：质量差别有这么大吗？他们的产品比你们的便宜一大半呢！

主播：这种现象很正常，每个直播间的同款产品价格都会不同，你原来没有遇到过这种情况吗？

用户：我没有遇到过价格差异这么大的。

主播：那你是不是很少买这类产品呢？

用户：哦，我是第一次看直播，想在直播间买。

主播：明白了，那你对这类产品是不是不太了解啊？

用户：不了解又怎样，我是问你为什么你们家产品这么贵，你怎么问这么多不相关的问题！

以上为某主播与用户沟通的部分内容，主播犯了两个错误：第一，主播的发问没有围绕核心主题；第二，主播没有听出用户的语气已经有不耐烦的成分了。

【技巧解析】

1. 提问要抓重点

主播向用户提出和话题不相关的问题，不仅会让用户不愉快，也会影响自己的工作效率。主播的提问只有抓住问题的核心，才能做到解决问题少时高效，从而把更多的时间和精力放在其他更重要的意向用户身上。

因此，主播向用户提问时必须抓住重点，引导用户说出更多与核心主题相关的信息，了解用户遇到了什么问题，对产品有哪些需求，才能更好地帮助用户找出解决方案，否则用户会以为主播是在转移话题。

2. 不问私人问题

在任何场合询问别人的私人问题，都是不礼貌的行为。主播与用户之间还很陌生，在相互之间还没有建立起信任的情况下，询问用户私人问题，只会给用户留下不礼貌的印象，用户甚至可能质疑主播的身份，对主播产生戒备心理。

4.2.4 不要"审问"用户

如果主播发问时的语言没有经过任何修饰，并且是连续发问，那么将很容易让用户产生被审问的感觉。因此，主播在向用户发问时，首先要表明发问的理由，其次要注意避免重复发问的情况。

【案例展示】

用户：主播在吗？我在你们店买了一双鞋子，过了7天无理由退换期了，可是我想退货。

主播：宝宝，是鞋子不合适吗？

用户：不是。

主播：那你为什么想要退货呢？

用户：没有其他原因，我就是想退货。

主播：不好意思，我不明白，为什么鞋子适合你，也没有退货的理由，而且过了无理由退货期,你还要退货?

用户:你怎么这么烦?我就退个快递,有必要问得这么细吗?

主播:对不起,我问的问题可能有点儿多,因为距离你收到产品已经过了 7 天,如果你一定要退货的话,需要去找客服。

用户:那你为什么不直接让我去跟客服聊啊?难道是不想让我退货吗?

以上为某主播与用户沟通的部分内容,上述案例的主播就是犯了连续向用户发问的错误,而且在发问前,主播没有告知用户发问的理由,导致用户不仅对重复的发问感到厌烦,还对主播产生了严重的防备心理。

【技巧解析】

1. 表明发问理由

主播在询问用户前要向用户说明发问的理由。询问用户个人信息容易引发用户的误会,提前告知原因,可以让用户不至于对主播后面的提问产生反感情绪。

2. 避免重复发问

主播在向用户表明发问的理由之后,可以把所有的问题都整合在一起,组织好语言再向用户提问,避免用户刚回答完一个问题时,主播又问了下一个问题。重复发问会使人厌烦,组织语言可以有效避免重复发问,有利于主播提高发问效率,也可以避免用户产生不好的情绪。

4.2.5 语言要机动灵活

对于主播来说,说服用户下单购买产品,依靠的是机动灵活的语言表达能力。语言机动灵活,能让用户观看直播时感到心情愉悦。直播间内产品的销量很大程度上会受主播语言表达能力的影响。

【案例展示】

用户:你推荐的这款口红看上去挺不错的。

主播:您眼光真好,这款口红是我们直播间的镇店之宝,月销量达上千只,好评率达到了 98%。

用户:看上去确实不错,就是价格有一些高啊,不知道能不能打个折。

主播:其实我们也想便宜一点儿的,但是这款产品的成本比较高,我们已经做出了很大的让利,如果再便宜,我们就亏太多了,希望您可以理解一下。俗话说"一分钱一分货",这款口红许多女明星都在用,价格略高一些,但您用过之后,一定会觉得物有所值。

用户：其实，价格我还是勉强可以接受的。我还想问一下，如果我买了这款口红，明天可以收到货吗？

主播：您觉得呢？这款口红的发货地在广东，请问您的所在地是哪里呢？

用户：我在上海。

主播：距离不远，您不必过分担心。您下单后，我们半天内会给您发货，现在的物流效率比较高，正常情况下，3天您就可以收到货了。

用户：3天收到也可以，我买了！

以上为某主播与用户交流的部分内容，主播在灵活表达方面做得很好。首先，主播赞美"您眼光真好"，并引出产品的销售情况，不仅表达了对用户"推荐的这款口红看上去挺不错的"的肯定，还从一定程度上增加了产品对用户的吸引力。

其次，当用户纠结产品价格时，主播没有直接说不能便宜，而是将再便宜会亏损很厉害作为理由，告诉用户产品的价格已经没有利润空间，从而拒绝了用户的让价要求。在用户忽略了双方之间的距离，以至于提出了"明天可以收到货吗？"的问题时，主播知道这个问题不好回答，于是便利用反问的表达方式缓解了尴尬。

【技巧解析】

1. 适时肯定

在沟通交流的过程中，主播带给用户的感觉至关重要。用户要的是愉快的购物体验，如果主播能够让用户享受购物过程，用户往往更容易买账。要达到这样的效果，主播巧妙地肯定用户，让用户觉得自己被认同可以说是不可或缺的。

例如，当用户说："你们这个产品看起来还不错啊！"如果主播只是简单地回应"这个产品确实不错"，那么用户仅仅是得到了一个答案。但是，如果主播回应的是"您眼光真好，本店的爆款产品一下就被您看到了"，那么用户得到的除了答案之外，还有来自主播的赞美和恭维。

2. 学会转移话题

有时用户询问问题，主播不好直接给出答案，此时便可以通过反问或转移话题的方式，来避免沟通过程中的尴尬。

4.2.6 善用刺激引导

在直播购物的过程中，用户无法像在实体店中购物一样仔细查看产品，再加上卖货的主播众多，许多用户可能会有货比三家的想法。因此，如果主播能善用刺激引导，可以在提高产品销量的同时，有效提高用户的满意度。

【案例展示】

用户：我想买一双篮球鞋，但是你们直播间的篮球鞋款式太多了，我有些看不过来，你能帮我推荐几款吗？

主播：能麻烦您说一下有哪些要求吗？

用户：嗯，篮球鞋嘛，我希望鞋底比较耐磨，穿着比较舒服，看上去也比较好看。然后，我穿的是42码，你先看一下推荐的款式有没有合适的鞋码。另外，我的预算有限，价格最好能控制在500元以下。

主播：综合您的意见，我重点给您推荐A款篮球鞋，这是今年的新款，也是本店销量较高的产品之一。从设计上来看，这款篮球鞋采用网面加飞线的设计方式，不仅可以在打球时有效稳固双脚，还能保证透气性。而底部的Air气垫起到了很好的减震作用，穿着更舒适。至于鞋的外观就不用多说了，荧光的鞋面，黑、金两色的搭配，一直以来都是许多球迷最钟爱的。

用户：这款篮球鞋我知道，以前在其他店也看见过，这是某球星的同款战靴。我记得刚上市的时候差不多要1000块钱，现在好像降价了，但是肯定也不止500块钱吧？

主播：我们直播间专卖篮球鞋，价格上比其他店要低一些，这款鞋原价是780元，但是因为我们在搞促销活动，所以可以给您打7折，也就是说，这款鞋目前的价格是546元。

用户：这款篮球鞋各方面确实都不错，就是价格我还得考虑一下。

主播：对于经常打篮球的人来说，一双舒适且漂亮的球鞋非常重要。这款篮球鞋虽然比您的预算稍高一些，但是它已经比原价便宜了200多元，与其他直播间相比，则便宜了差不多300元。

用户：你这么一说我就更纠结了，毕竟超过500元的部分要用我的私房钱来补，所以，你懂的。

主播：原来是这样。但是这款球鞋的库存不多了。这批货卖完之后，您可能就很难再以这样的价格买到这样的篮球鞋了。当然，如果您觉得还是要将价格控制在500元以内，我们直播间还有其他的款式。

用户：好吧，虽然价格超过了预期，但是这款篮球鞋我确实非常喜欢，哎呀，咬咬牙还是买了算了。

以上为某主播与用户沟通的部分内容，用户原本的预算有限，但是主播最终能让用户购买一双超过预期价格的篮球鞋，在这个过程中，主播刺激消费的沟通技巧可以说起到了决定性的作用。

主播首先是通过设计介绍，让用户觉得这个产品就是自己需要的。然后再通过价格的对比，让用户觉得这个产品值得买。最后，当用户还在纠结价格时，主播顺势告诉用户库存不多，营造紧张感，这样用户很容易因为不想错过这款篮球鞋而下定购物的决心。

【技巧解析】

1. 刺激用户需求

消费很大程度上来自于需求,要让用户主动购物,首先需要让用户对产品产生兴趣,增加用户对产品的需求。对此,主播可以通过产品的适用性说明、功能强化等方式,让用户认为产品确实是有用处的,刺激用户的购买欲。

2. 突出价格优势

除了产品的实用性,价格也是用户购物时重点考虑的因素之一。因此,主播需要在沟通过程中突出产品的价格优势,让用户觉得产品的性价比很高,甚至认为买到就是赚到。

主播可以通过与其他平台价格的比较、满减、打折等形式,使产品的价格看起来更加诱人,让用户忍不住想下单。例如,某主播销售一款咖啡时,会将本直播间咖啡的价格跟便利店的价格做对比;卖大牌化妆品时,会把该直播间的产品价格与线下专柜的价格进行对比。这样的对比,能够更显著地展示直播间的价格优势。

4.2.7 话不要说得太满

很多主播会认为直播时将话说得满一点儿很有必要,因为这样更能显示出自己对产品和服务的信心。其实不然,当主播的表达太绝对时,用户很可能会觉得你只是在忽悠他。

而且如果主播在售前做出了保证,但是实际情况却与保证有出入,用户会认为主播是为了提高产品的成交率而故意欺骗自己。用户一般都不能容忍自己被欺骗,如果主播的保证不能实现的话,很可能会收到很多用户的差评,甚至是投诉,这样做是得不偿失的。

【案例展示】

主播:我们直播间的红心火龙果都是从海南的原产地现摘现发货的,不仅新鲜,价格还比较便宜,5斤只要29.9元。

用户:这么便宜,不会都是一些很小的果子吧?

主播:您放心,我们的果子都是经过严格挑选的,全都是大果,单果重量为300~500g。

用户:那我大概几天可以收到货呢?

主播:非偏远地区,国内3天内可以收到货。

用户:那好,我就买5斤吧!

主播:非常感谢您的支持,相信我们的产品一定不会让您失望的,小郭在此提前祝你购物愉快！

（几天后，该用户在直播间内控诉主播。）

用户：你这个骗子！

主播：怎么了？为什么说我是骗子呢？

用户：在下单之前，你说这火龙果很新鲜，单果重量是 300～500g，3 天内就可以收到货。可是我一个星期之后才收到货，有许多达不到重量的果子我就不说了，关键是还有差不多一半都烂了，难道这就是你说的新鲜吗？

主播：不好意思，最近是快递高峰期，快递那边应该是出什么问题了。

用户：既然做不到，那就不要承诺啊！现在出现这种情况，你说怎么解决呢？

以上为某主播与用户交流的部分内容，主播对用户做出了许多承诺，由于主播的承诺让用户对产品的预期太高，用户收到产品后，产生了很大的心理落差。

其实，如果主播不把话说得太满，或者说少做一些承诺，用户也不至于如此愤怒。毕竟购买产品的最终决定权是在自己手中，当产品达不到预期时，用户自身也是有一定责任的。

【技巧解析】

1. 表达不要太绝对

很多事情虽然具有较大的可能性，但并不是必然的。例如，抛一枚硬币，正面朝上或反面朝上的概率比较大，但是也有可能会出现立起来的情况。

因此，主播在与用户沟通的过程中应尽量使用灵活的语言，而不能把话说得太绝对。为此，主播在沟通过程中对不确定的内容可适当使用"可能""也许""大概"等词汇，避免表达过于绝对。

2. 不要轻易做出许诺

毫无疑问，对用户做出许诺，能体现主播以及商家对产品的信心和对用户的重视，当许诺实现时也能给用户留下良好的印象。但是，如果主播许诺的事没有实现，那么，用户很可能会认为主播是在欺骗自己，并因此进行投诉。因此，主播可以适当许诺，但不能轻易许诺做不到的事。这既是对用户负责，也能避免给自己制造麻烦。

4.3 不让价也能让用户欣然接受的技巧

主播在卖货时经常会遇到讲价的用户，如果主播能做到不让价，还让用户觉得赚了，用户自然会快速下单。当然，在此过程中，主播要找到不让价的理由，说服用户接受产品的价格。

4.3.1 突出产品价格优势

虽然产品已经标明了价格,但是仍有部分用户试图还价,这更像是用户的一种习惯。在用户看来,如果以产品的标价成交,就意味着自己要支付远高于产品价值的金额。很显然,这是一件非常划不来的事。

因此,主播在与用户沟通的过程中,需要重点向用户传达一个信号,那就是产品已经是优惠价了,以该价格购买产品只赚不亏,只有这样用户才会觉得以标价购买产品是比较划得来的。

【案例展示】

用户:你推荐的这款大衣哪里都好,我非常喜欢这个款式,就是有一样我还不太满意。

主播:不知道是什么令您不满意呢?

用户:就是这个价格还有点儿贵啊!

主播:这是今年的新款,它的材质和设计都很棒。这款大衣的吊牌价格是899元,我们直播间现在做活动,优惠价仅为629元。其他直播间同款的价格在700~800元,可以说,我们直播间的价格是全平台最优惠的了。

用户:哦,那你们店这款大衣的价格确实比较优惠,我买一件吧!

以上为某主播与用户沟通的部分内容,在这个案例中,用户虽然有购买欲,但是因为产品在同类产品中的价格偏高,所以还想试图通过沟通让主播便宜一点儿。

对于这种情况,主播先是将产品当前的价格与吊牌价格进行比较,再将直播间的当前价格与其他直播间的价格进行对比。从这两次比较来看,该大衣的价格都是比较低的,这便突出了产品的价格优势。

【技巧解析】

1. 与过往较高的价格进行比较

产品的价格会随着时间的变化而变化,通常,产品刚面世时价格比较高,当一部分人拥有了该产品时,市场对该产品的需求会减少,产品的价格也随之下降。如果主播能够将前后的价格变化告知用户,用户便能直观地把握产品的降价幅度。

2. 与其他直播间的价格进行比较

主播在向用户推销产品的过程中,可以将直播间内产品的价格与市场的常规价格做比较。如果直播间内产品的价格明显低于市场价,用户自然就会相信该产品的价格已经是优惠价了,从而打消讨价还价的念头。

4.3.2　强调产品物有所值

如果主播能够在沟通的过程中向用户证明产品对得起它的标价，甚至说产品是物超所值的，用户就会认为以该价格购买很划得来。在这种情况下，用户自然就不再讨价还价了。

【案例展示】

用户：你们店的 A 款篮球鞋看着挺不错的。

主播：您眼光真好，这是小店销得比较好的篮球鞋之一。许多年轻人都觉得这是篮球爱好者必备的战靴之一哦！

用户：好是好，就是价格好像有一点儿高啊！不知道能不能便宜一点儿，如果打个折，哪怕是九折我也买了。

主播：不知道您是不是篮球迷，如果您经常看篮球比赛就会知道这款鞋子是×××篮球明星在这个赛季穿过的战靴。它是国际品牌，在设计上又兼顾了美观和舒适，所以说，一分钱一分货，这款篮球鞋以这个价位出售绝对是物有所值的。

用户：我也知道它对得起这个价格，可是近来囊中羞涩，不知道能否再稍微便宜一点呢？

主播：这个价格比刚上市时已经降低了 200 多元，即便是与其他直播间相比，也便宜了差不多 100 元。所以说，以这个价格购入绝对是比较划得来的。而且这是活动价，两天之后活动结束了，价格会上涨几十元。如果您喜欢这款篮球鞋，现在真的是不错的出手时机哦！

用户：哦，那好吧，虽然价格有一点儿高，但是咬咬牙也要买一双，谁让我这么喜欢它呢！

主播：感谢您对小店的支持，相信这款篮球鞋一定不会让您失望的！

以上为某主播与用户沟通的部分内容，在这个案例中，用户试图与主播讲价，而主播不仅坚守了价格阵地，还坚定了用户的购买决心。在此过程中，主播让用户意识到产品物有所值，可以说起到了至关重要的作用。

主播先是通过产品使用者的身份、品牌和设计展现了产品价值，然后再以两次对比突出直播间内该产品价格的优势，并适时给用户一些压力，让用户觉得很难再以这个价格购入该产品。用户受产品价值的影响，再加上害怕错过优惠，便表示咬牙也要下一单。

【技巧解析】

1. 突出产品价值

如果主播在与用户沟通的过程中能充分展现产品的价值，用户便会觉得产品物有所值，也就不会讨价还价了。通常，一件产品的价值体现在多个方面，如一件衣服的品牌、原料和设计等。因此，在直播时，主播要拿出能证明产品价值的信息，让用户觉得产品确实是物有所值，甚至是物超所值的。

2. 展示价格优势

很多时候，用户即便觉得产品有一定价值，也希望价格能更便宜些，或者说至少感觉是比较优惠的价格了。对于这种情况，主播有必要在与用户沟通的过程中突出价格优势，让用户觉得此时买是比较划得来的。

4.3.3 暗示产品供不应求

产品的价值规律表现为：价格以价值为基础，并围绕价值上下波动。一件产品的价格虽然是由它的价值决定的，但是也会受供求关系的影响，如果某产品数量有限，用户可能会觉得再贵一点儿也能接受。

因此，当用户想要讲价时，主播可以向用户暗示产品很抢手，如果不及时出手，很可能会买不到。这样一来，用户想的可能是如何抢到货，至于价格稍高于预期也就显得不那么重要了。

【案例展示】

主播：这款包包既可手提，也可单肩斜挎。真皮的面料看上去高端、大气、上档次。另外，它的容量大，14英寸的电脑都可放下，磁扣防盗设计又能起到很好的保护作用。无论是上班族，还是学生，这款男士包用着都比较适合哦！

用户：确实不错，我个人也很喜欢，但是这近800元的价格还是有点儿高啊！不知道能不能便宜一点儿呢？例如打个九折之类的？

主播：这位宝宝，这个包确实比一般的男士包要贵一些，因为它的面料也比一般的男士包要好，该品牌是专门做包的，产品的质量相对更可靠一些。这款男士包光这个月就售出了500多件，也可以看出来用户对这款包的认可。

用户：真的不能便宜一点儿吗？打九五折可以吗？

主播：真是不好意思，我们直播间是不能讲价的。这款男士包真的是物超所值，您买回去绝对不亏，要不然这款包包的好评率也不可能达到98%。另外，这款包包只有5件库存了，下一批货估计要一个月之后才会到，如果您真的喜欢，就得抓紧时间了。

用户：唉，能买到自己喜欢的东西就很不错了，那我就拍一件吧！

以上为某主播与用户沟通的部分内容，从中不难看出，该用户对于这款男士包还是比较满意的，但是因为价格比预期稍高一些，所以用户要跟主播讲价。

刚开始，用户希望主播能给他九折优惠，在主播告知产品销售火爆之后，用户便放低了要求，将预期折扣调整至九五折。而当用户从主播处得知库存仅有 5 件，且下批货要等一个月时，便没有了讲价的想法，而是直接表达了购买的诉求。

【技巧解析】

1. 拿销量说事

一款产品的销量能从一定程度上说明它的供求关系。当产品销售火爆时，证明市场对该产品的需求量大。即便部分用户不买，直播间也不愁卖。因此，如果主播在与用户沟通的过程中，让用户觉得产品销售火爆，一方面，用户会觉得没有了讨价还价的砝码，另一方面，也能从侧面反映出用户眼光好。在这两方面的影响下，用户自然就没了讲价的想法。

2. 给用户压力

对于用户来说，销量火爆、库存有限的产品可能是买不到的。因此，当产品的库存有限时，主播可以借此给用户一些压力，让用户快速完成下单。

在实际操作时，为了获得更好的效果，主播可以将库存的具体数值告知用户，让用户在了解库存的同时，清楚产品的销量，这样一来，用户也就没有心思再和主播讲价了。

4.3.4　表示自己不能做主

用户之所以跟主播讲价，是认为主播对产品的价格做得了主。而事实上许多主播对于产品的价格这类关乎直播利益的事项是没有太多发言权的。

因此，当用户试图讲价时，主播与其和用户就价格进行"谈判"，倒不如明确表示自己做不了主。这样一来，不仅可以避免与用户发生直接的冲突，还可以巧妙拒绝用户的让价要求。

【案例展示】

用户：你们店这款大金刚菩提子男士手串看上去真不错。

主播：您眼光真好，这款手串精选自然原籽的七瓣金刚，珠肉颗颗饱满，入水即沉，色泽鲜亮，而且设计新颖，销量一直很好。

用户：看上去是不错，就是这将近300元的价格还是有点儿贵啊，不知道能不能稍微便宜一点儿？

主播：真不好意思，我也想给您个折扣，但是我只是一个小主播，对于产品的价格根本就做不了主。

用户：我才不信呢，你不是老板吗？

主播：我真的只是个打工的小主播，没有改价格的权力，实在是不好意思。

用户：好吧，那谁能做主呢？

主播：我们直播间产品的价格都是由老板定的。不巧的是，今天他刚好去外地进货了，这会儿恐怕联系不上。不过您放心，这款产品的设计和质量各方面都属上乘，利润空间很小，我们老板都是不赚钱卖的。如果您执意要与老板联系，很可能会浪费时间，这样更划不来，您觉得呢？

用户：那好吧，既然你做不了主，我也不为难你了，我买了。

以上为某主播与用户沟通的部分内容，该用户觉得产品的价格偏高，希望主播能够适度给予优惠。主播在面对用户讲价时，先是直接表明自己做不了主，委婉拒绝了用户要求后，从产品质量方面让用户降低了对价格的要求，并告诉用户联系老板会造成时间的浪费，让用户在略作权衡之后，选择了对自己更有利的方式。

【技巧解析】

1. 解释不能做主的原因

面对用户的让价要求，如果主播不能给出合理的答案，用户有可能认为主播只是随便找个理由搪塞自己，所以主播还必须解释自己不能做主的原因。

2. 明确告知不会让价

解释了不能做主的原因，主播可以向用户提供做主的人选，然后对用户与之讲价能否达成让价协议进行分析。这既可以为主播口中"能做主的人"省去一些不必要的麻烦，也能快速解决用户的问题，提高自身的工作效率。用户意识到即便找到了"能做主的人"，也很难获得预期的优惠，还会因此浪费大量的时间和精力，就有可能放弃讲价。

4.3.5 用自己的不易博取同情

主播在日常工作中可能遇到这样的用户：他们为了获得一定的优惠不停地诉苦，想利用主播的同情心达到让价的目的。面对这种情况，主播也可以用自己生活的不容易，博取用户的同情。当然，在此过程中主播需要掌握一些技巧。

【案例展示】

用户：你们店的这款遮瑕霜看着真不错，就是这将近 300 元的价格有点儿贵，不知道能不能稍微便宜一点儿。

主播：这位宝宝，真的不好意思，290 元已经是这款遮瑕霜的底价了。

用户：唉，像我这种上班族，一个月要上 22 天班，每天上班八九个小时，整个人看上去都老了，却只能拿到 3000 多元的工资。除去日常的开销，所剩无几。能用来买化妆品的钱真的是十分有限，好不容易看上了这款遮瑕霜，你就便宜一点儿嘛！

主播：同样都是为别人打工，您的感受我明白。每个上班族都不容易，我一个月也要连续直播 26 天，每天直播的时间超过 8 小时，人都熬成老太婆了，工资也不高。您也知道现在直播行业竞争激烈，许多产品利润空间已经比较小了，如果每个用户都讲价的话，你们恐怕就看不到我的直播了。所以，还请您多一分理解。

用户：好吧，同是天涯沦落人，大家都不容易，我帮你拍一单好了。

主播：谢谢您对我们的支持，麻烦帮忙点个关注，以后我会为您推荐更多好物。收到产品后，觉得满意的话也可以给我们一个好评哟！

以上为某主播与用户沟通的部分内容，这个案例中，用户觉得产品的价格偏高，试图通过向主播讲述自己生活的不易，获得主播的同情，从而达到让价的目的。

面对用户的攻势，主播先是表示了对用户的理解，然后顺着用户的话题，将自己的苦楚尽皆吐露，显示自己比用户更加不易，正好引起了用户的共鸣。

【技巧解析】

1. 对用户表示理解

当诉苦型用户提出让价要求时，主播首先要做的就是理解用户，毕竟不管用户是不是真的"苦"，主播都有必要对用户的让价要求表示理解。更何况沟通就是为了让双方互相理解，用户又是主播的服务对象，所以主播需要更主动一些。

2. 主动博取用户的同情

主播表达对用户的理解固然有必要，但是仅仅理解用户不能达到不让价的目的。主播还需要主动出击，从情感上触动用户，用自身的不容易博取用户的同情。例如，当用户诉苦时，主播就需要在表示理解的同时，向用户传达自己更加不容易的信号，在直播间内分享自己的故事。在这种情况下，用户出于对"同类"的同情，即便是多花一些钱也会觉得无所谓，就更不用说讲价了。

4.3.6 赠送赠品婉拒让价

对于部分用户来说，他们讲价是因为"占便宜"的心理在作怪。此时，如果主播能够满足其心理，用户很可能直接下单完成购物。

当然，让价是比较直接的一种满足用户占便宜心理的方式。但是，很多情况下主播没有直接降价的权力。对此，主播不妨采取赠送赠品的方式来满足用户占便宜的心理，委婉拒绝让价。

【案例展示】

用户：你们直播间的手机壳款式也太多了吧！我买哪个好呢？

主播：不知道您喜欢哪种风格呢？

用户：只要能防摔就好了。当然，如果图案好看一点儿会更好。

主播：这样啊，您看这款手机壳怎么样？它不仅能对手机起到全方位的保护作用，而且手感和美观度都不错，还有多种图案可以选择哦！

用户：看上去是挺不错的，但是我觉得吧，一个手机壳卖29.9元还是有一点儿贵啊！能不能稍微便宜一点儿？

主播：一分钱一分货啊！这款手机壳有耐划伤、抗腐蚀、抗变形、防尘和防潮等特点，使用寿命远超一般的手机壳。所以，您以这个价购买绝对不亏。

用户：质量是好，但是价格还是贵了一点儿啊！25元我就买了。

主播：实话跟您说吧，我只是一个普通的主播，对于价格是没有决定权的。不过，如果您购买这款手机壳，我可以做主额外赠送您一个手机膜。这个手机膜在店内单买的价格为6元，您看这样行不行？

用户：可是我不缺手机膜啊！

主播：这款手机壳总共不到30元，除去成本和赠送了手机膜之后，我不说挣钱，不赔本就不错了。我也是想留住你们这些粉丝才给出这种优惠的。

用户：好吧，你也挺不容易的，我就帮你拍一单好了。发货的时候记得要送我手机膜哦！

以上为某主播与用户沟通的部分内容，不难看出，用户觉得产品的价格有些偏高，即便主播通过种种描述来证明产品物有所值，用户依然想要讲价，拿到更划算的价格。此时，如果主播不能满足其占便宜的心理，就可能很难引导其完成购物。案例中，主播送物品满足用户占便宜的心理是非常正确的做法，这一点从用户最终下单就可以看出来。

【技巧解析】

1. 强调赠品的价值

虽然赠品本身的价值并不是很高，但是对于用户来说，赠品很有吸引力。得到了赠品，就相当于得到了便宜，用户一般不会拒绝免费的东西，即使赠品在用户看来是毫无价值的。

当然，主播在承诺赠送赠品时，一定要在沟通过程中突出赠品的价值，让用户觉得赠品也大有用处。这样可以降低用户对产品价格的要求，对拒绝用户的让价有很大帮助。比较常见的方法是赠送与产品相关的物品，这样赠品的价值便显露出来了。

2. 用言语表现不舍

除了赠送与产品相关的物品之外，主播还可以赠送一些在用户看来有一定价值的物品。需要说明的是，这个"有价值"，可以是赠品自身真的有价值，也可以是主播通过一定的方式营造的价值。

当然，有时候任凭主播说得天花乱坠，用户也不一定会相信赠品真像说的那么有价值。此时，主播便需要通过行动来支撑自身的说法。例如，主播可以在赠送物品时，用言语表现出不舍之情。这样一来，用户就会认为赠品确实有一定的价值，甚至会为了这个"大便宜"立马完成下单，并认为直播间中的产品很实惠。

第5章

介绍宝贝：
提高用户购买兴趣

学前提示

  大部分用户在购买产品之前，都会先观看主播讲解产品，以便更深入地了解产品的信息。

  此时，主播的产品介绍就显得尤为重要。如果主播懂得结合用户的需求突出产品的特色，提高用户的购买兴趣，那么用户往往更容易被主播吸引，从而下单选购产品。

要点展示

- 卖货的关键是做好产品描述
- 介绍产品带货效果更好的技巧

5.1 卖货的关键是做好产品描述

在观看直播时，对产品不了解或者不够信任，会阻碍用户做出购买决定。面对这种情况，主播要尽可能详细地描述产品，展现产品细节，突出产品优势。因此，在介绍产品的过程中，主播不仅要突出重点，还要了解用户的具体需求，根据他们的需求来描述产品，可以说，主播卖货的关键是做好产品描述。

5.1.1 详细描述产品

主播进行直播时，必须对产品进行全面的展示，并详细描述产品，以便让用户了解产品。而用户愿意在直播间停留观看直播，就证明直播内容或产品对他们有一定的吸引力。此时，主播只需将产品展示在镜头前，详细描述产品的特色，介绍产品的一些细节，说服用户下单即可。

【案例展示】

主播：接下来，大家看一下我手中的这本《手机摄影大师练成术》，这本书主要是教大家如何一步一步成为摄影大师。比如，我们翻开第 1 章，这章主要是对市面上几款主流手机型号的配件分别进行了介绍，还通过图文结合的形式对硬件配置进行了详细的解读，各位宝宝即便没有摄影基础，也可以通过作者的介绍全面把握手机的硬件配置哦！

用户：主播，可以回复我一下吗？

用户：这本书会不会很多篇幅都是在讲一个内容呢？它的内容复杂吗？它不会就只是告诉我怎么拍照片吧？

主播：您放心，这本书的两位作者都具有丰富的摄影和写作经验，书中的内容既简洁又明了。另外，虽然拍摄技巧是本书的重要内容，但是本书还对手机内置功能、构图光影、色彩搭配、拍照 App、修图软件、特效制作、视频拍摄和后期分享等诸多内容分别进行了介绍。所以，从怎么设置、怎么拍照到怎么进行后期处理和分享，这本书都可以给您提供实用的技巧！

用户：这样啊，听你这么介绍，感觉这本书就是为我量身定制的啊！好了，我决定买一本看一看。

以上为某主播介绍产品时与用户沟通的部分内容，在这个案例中，主播通过回复用户问题进行了一些内容的延伸，总结出了"设置""拍照""后期处理""分享"

等关键词,突出了实用这一卖点。主播并没有停留在只对书的主要内容进行介绍的层面,而是根据用户的意图尽可能全面地介绍了这本书的所有内容和优点。

【技巧解析】

1. 尽可能全面地介绍产品

许多用户在购物之前观看主播的产品讲解,是希望获得更多产品的相关信息,从而进一步确定是否要下单购买。主播可以以此为切入点,尽可能全面地介绍产品,这样不仅能满足用户对产品信息的获取需求,还可以借此机会推荐其他产品,增加其他产品的曝光率。

主播可以用一些生动形象、有画面感的话语来介绍产品,达到劝说用户购买产品的目的。介绍产品的 3 种方法如图 5-1 所示。

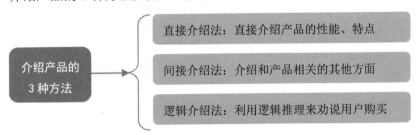

图 5-1 介绍产品的 3 种方法

1) 直接介绍法

直接介绍法是销售人员直接向用户介绍、讲述产品的优势和特色,从而达到劝说用户购买产品的一种办法。这种推销方法可以节约主播的时间,省去不必要的询问过程。例如,某款服饰的材质非常轻薄、吸汗,很适合夏季穿着,主播可以直接介绍服装的优点,并在直播间表明服装可以用消费券购买,吸引用户下单。

2) 间接介绍法

间接介绍法是向用户介绍和产品相关的其他方面来衬托产品的一种介绍方法。例如,主播想向用户介绍服装的质量,可以通过介绍服装的做工、面料来衬托服装的质量,让用户觉得这款服装值得购买。

3) 逻辑介绍法

逻辑介绍法是销售人员采取逻辑推理的方式来达到说服用户购买产品的一种推销方法,这是线下销售中常用的推销手法。逻辑介绍法的说服力强,主播在直播过程中可以经常使用这种介绍方法。

主播在进行推销时,经常会对用户说一些类似"用几杯奶茶钱就可以买到一件美美的服装,您肯定会喜欢""只花买一件产品的钱,就能得到两件产品"的话语,这就是一种较为典型的逻辑介绍。

2. 根据用户意图进行描述

虽然尽可能全面地介绍产品可以增加用户对产品的了解，有促成交易的可能性，但是如果主播不考虑用户的实际需要，即使主播对产品讲解得再全面，用户也不会有购买的兴趣。因此，在描述产品之前，主播应观察用户的反应，判断其意图，并根据用户的意图进行描述。

5.1.2 凸显产品的优势

随着直播带货的发展，同类产品越来越多，竞争也越来越激烈。在这种情况下，主播需要思考一个问题：用户为什么要在你们直播间购买产品？你们的产品有什么优势和卖点呢？

虽然不同的用户买产品的理由不同，但是主播要知道，大多数用户下单时都会有"货比三家"的心理，如果用户觉得这款产品与其他同类产品相比没有优势，他们是不会下单购买的。

【案例展示】

用户：你介绍的这款包包很贵啊！

主播：这款包包为真皮面料，是知名的奢侈品品牌，所以价格要比一般的包贵一点儿。这款包包现在正在以九折优惠销售，单从价格来考虑，现在算是出手的最佳时机了。

用户：其实这个价格我是可以接受的，但是我就怕买到之后会和别人撞包。

主播：这一点您可以放心，这款包包全球限量 500 个，国内总共也就 50 个。所以，这款包包不仅很难出现撞包的现象，而且因为是限量版，还比大多数包包更具收藏价值。需要特别说明的是，现在本店也仅有 3 件库存，如果亲喜欢这款包包，得抓紧时间下单了。

用户：我就喜欢这种限量版包包，好了，我这就下单买一个。

以上为某主播与用户沟通的部分内容，从对话中不难看出，刚开始用户认为包的价格略贵，但是主播通过面料、品牌对价格进行了解释，并以九折优惠的诱惑，让用户接受了这个价格。

虽然用户接受了这款包的价格，但是担心会出现撞包的情况。此时，主播以产品数量为切入点，通过全球限量打消了用户的担忧，又自然地引出了包包的收藏价值，在用户精神上得到满足的情况下，最终下单完成了购物。

【技巧解析】

1. 强化卖点

产品的卖点可以是产品自身具有的特性，如某服装因为透气性比较好、面料光滑而深受用户欢迎，这些特点都是产品的卖点，对用户来说有一定的吸引力。但是有吸引力并不一定就能让用户打消下单的疑虑，主播需要做中间的催化剂，讲解产品的优势，强化产品的卖点，引导用户主动进行消费。

当主播讲解产品的优势并展示了产品细节之后，就可以说出产品的价格了。主播可以参考以下两点来组织语言，让产品的价格成为卖点。

（1）主播介绍产品价格的同时，可以说明产品的规格。规格一般是指产品的大小、轻重以及性能，这样介绍是为了让用户觉得价格很划算。例如，主播向用户推销麦片时，会利用类似"只需要××元就能买到××克麦片，实在是太划算了""这么大一罐麦片，只需要××元，您在其他直播间根本买不到"等表达，向用户强调产品价格的优势。

（2）重复强调赠品的数量。赠送赠品是突出产品价格优势的有效方式，也是很多主播在直播间中常用的促单手段。例如，主播向用户推销一款面膜时，会向用户强调"买一盒送一盒""买一盒赠送×款小样"，让用户觉得购买一件产品就能得到其他免费的产品，从而降低对产品价格的要求。

2. 提升价值

对于部分用户来说，产品的附加值也是判断产品是否值得购买的标尺。如果主播为了把产品销售出去，单纯夸大产品卖点，用户也不一定对产品有很强的购买意向。因此，要提升产品的价值，主播还要找准产品的讲解角度，提升产品的附加值。主播可从以下3个角度对产品进行全面讲解，提升产品的附加值，如图5-2所示。

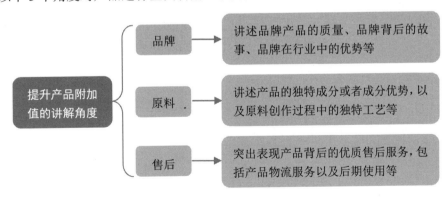

图 5-2　提升产品附加值的讲解角度

除了从产品的品牌、原料和售后上提升产品的附加值，主播还需要从精神上满足用户需要，让用户在得到产品的同时，还得到精神上的满足。例如，主播在向用户介绍一些库存较少的产品时，可以将数量作为切入点，制造稀缺性价值来打动用户，满足用户买到就是赚到的心理。

5.1.3　凸显自身专业性

有的用户在购买产品时，会评估主播的专业性，如果主播的专业程度不够，用户就很容易对主播所推荐的产品产生怀疑，这也是部分明星进军直播带货行业却销量惨淡的原因。

虽然部分用户会被名人效应所影响而购买产品，但是在用户看来，主播的带货经验比明星更丰富，对产品的专业知识了解得更为透彻，他们购买产品时，往往更倾向于听取主播的建议。因此，主播在介绍产品的过程中，还需要通过语言来树立权威，塑造自身的专业形象，以增强用户对自身的信任感。

【案例展示】

主播：姐妹们，因为我们家就是做服装的，我爸爸做了20年，所以我对服装的做工、面料很了解。

主播：咱们家服装的里料、外料给大家用的都是上好的面料，里边的走线和包边做的都是专柜品质，我们不会偷工减料，好品质才有好销量。我们家的员工做服装时都是非常认真的，我们常年做这样的服装，常年做这样的品质，他们也都养成习惯了。所以，每一件衣服被生产出来后，他们都会去检查这件衣服有没有线头，有没有七扭八歪的地方，以保障规格符合要求。

主播：不仅如此，我们家的衣服全部是手工做的包边，因为用机器做包边很容易出现重复扎线和断线开裂的情况，为了规避这种情况，我们宁愿多花一些成本。我给你们看一下机器的走线，就是这个样子的，看到没有？大家一定不要贪图便宜去买这样的衣服。

以上为某主播介绍产品时，为了让用户相信自己，并凸显自身专业性所用的表达文案。首先，主播通过告诉用户，自己的父亲做了20年的服装，自己在家庭的影响下对服装的面料、做工很了解，显示出自身对产品的专业认知。其次，主播还通过讲述工人生产服装的事例，让用户了解了产品生产者的专业性。

为了进一步证实自己的专业性，主播还向用户科普了一个知识点，那就是用机器做包边很容易出现重复扎线和断线开裂的情况。利用这样的表达，主播可以给自己树立一个专业的形象，从而获得用户的信任。

【技巧解析】

1. 专业术语结合具体解释

主播在向用户介绍产品时,将专业术语与具体解释结合起来,在一定程度上能够树立起专业的主播形象,这是垂直领域主播加深用户印象,打造专业人设的主要方法。

例如,一些销售美妆产品的主播在介绍产品时,会着重分析产品的成分,并解释这些成分能给用户带来的好处,告知用户产品的价值,让用户相信自己的专业能力,从而击中用户的痛点,促使用户下单购买产品。

2. 抛开身份科普产品知识

主播在介绍产品时扮演的是一个销售员的角色,如果用户认为主播只是想推销产品,就很容易对主播产生防备心理。面对这种情况,主播可以抛开身份,站在一个传授知识的角度,去给用户科普一些知识,用户观看直播时有收获,自然会慢慢对主播卸下心理防备,进而相信主播的专业能力。

例如,主播可以利用类似"你们不论是在我的直播间买,还是去其他地方买,一定要买这种带×××特点的产品"的表达,给用户灌输了一种观念:具备×××特点的产品的品质比较好。这样一来,如果用户觉得在其他直播间找这款产品比较麻烦,就会选择在你的直播间购买这款产品。

5.1.4 使用得体的语言

用户对主播的印象大多来自主播的语言表达,也就是说,主播的语言表达将对产品介绍,乃至整个销售活动产生重大影响。另外,语言是否得体,在一定程度上能体现一个人的素质。在与用户交流的过程中,主播没必要过分顺从取悦用户,但是保持语言得体还是很有必要的。

【案例展示】

用户:我对你介绍的这条裙子很感兴趣,我110斤,有点儿微胖,选中码还是大码好呢?

主播:这条裙子的款式不算很修身,你买中码就可以。

用户:那你可以给我介绍一下这两个尺码的裙子,分别适合什么体重范围的女孩子穿吗?

主播:都跟你说了买中码的就好,你爱买不买,我懒得再和你浪费口水!搞得好像我求你买似的。

用户：你这主播怎么这样，太没礼貌了，我要投诉你！

以上为某主播与用户沟通的部分内容，不难看出，用户对产品的尺寸有疑惑，而且语气和善，是一个很有礼貌的人。然而，主播面对用户的提问，不仅没有给用户详细的解答，反而不尊重用户，导致用户对该主播印象非常差。

【技巧解析】

1. 语言得体

"得体"意为言行恰到好处，从这个定义上很难把握到底怎样才算得体，但是有一点可以肯定，得体的语言至少应该是有礼貌的。

因此，主播在与用户交流时，应尽可能恭敬有礼，不能说出伤用户自尊的话。否则，用户可能会觉得主播不尊重自己，导致销售目的难以达成。具体来说，主播在沟通过程中可以多用一些礼貌用语，如"您好""请""谢谢""不好意思"等。

2. 委婉否定

除了有礼貌，主播还应该尽可能让用户觉得有面子。即便在交流过程中发现了用户的错误，也不宜直接指出。因为这会让用户觉得尴尬、没面子，甚至不愿意再继续交流下去。当然，不直接指出用户的错误并不是要对用户的错误熟视无睹，而是要注意指出错误的方式，主播应尽可能委婉，让用户有台阶可下。

5.1.5 有针对性地介绍

如果主播在不了解用户需求的情况下就进行介绍，其结果很可能是费力不讨好。某位顶流主播曾说过，他直播之外的时间，几乎都在了解粉丝的需求。因此，在正式介绍产品之前，主播还需要通过提问摸清用户的需求，再结合需求进行介绍。只有这样才能戳中用户的痛点，激发用户购买产品的欲望。

【案例展示】

用户：我想在你们店里买一条连衣裙，能不能给我推荐一下？

主播：我们店的款式比较多，可以说一下您有哪些需求吗？我好给您推荐适合的款式！

用户：我比较喜欢长裙，喜欢白色、黑色和蓝色的。

主播：还有其他要求吗？

用户：没有了，不过我要今年流行的款式。

主播：根据您的需求，我给您推荐直播间的2号和4号裙子，您看，它们都属于长裙，颜色分别是黑色和白色，都是今年卖得比较火的款式，我先给您介绍2号，它的设计非常独特，能够凸显曲线美……

主播：4号裙子也符合您的基本需求，不过它的风格跟2号裙子不太一样，这条裙子偏向于突出气质……

以上为某主播与用户沟通的部分内容，主播面对用户的请求，先对用户的需求有了大概的了解，接着筛选了两款比较有针对性的裙子。主播向用户介绍这两款裙子时，都有针对性地突出了裙子的优点，给了用户选择的余地。如果用户喜欢突出曲线美的裙子，就买2号裙子；如果用户喜欢突出气质的裙子，就买4号裙子。

【技巧解析】

1. 摸清用户的需求

摸清用户需求是进行针对性介绍的前提，如果主播能知道用户真正需要的是什么，就能更好地为用户提供服务，提高销售的成交率。如果主播不了解用户的需求，那么传递的信息很可能并不是用户需要的，甚至有可能与用户的需求相反。

2. 结合需求进行介绍

在根据用户需求进行针对性介绍时，主播不仅要保证介绍的内容能满足用户的需求，还需要找到可以吸引用户的内容。

以销售服装产品为例，如果服装的受众是二十岁左右的年轻女孩，你就可以说这款衣服不仅时尚感强，穿起来还很有女神范；如果产品的受众是五十多岁的女性，你可以说这款衣服物美价廉，穿上显年轻。

5.1.6　控制讲解的时间

直播卖货过程中，产品介绍得好，产品亮点被完美地呈现出来了，用户下单购买的概率也会提高。然而，主播直播的时间有限，要推荐的产品很多，讲解每个产品的时间都是有限制的。如果没有在有限的时间内展现产品的卖点，那么就是在浪费时间。

【案例展示】

主播：接下来，我们给大家推荐一款衬衫。这款衬衫的面料是纯棉的，摸起来很柔软，穿上去之后，会感觉很透气、很舒适。你们看一下我的上身效果，是不是感觉很高档、很有品位？不仅如此，这个款式还是今年的流行款，你们看一下它的设计，是不是很精致、很特别？

以上是某主播介绍服装时所用的表达文案，主播向用户介绍的是一款衬衫。在介绍衬衫时，主播首先从衬衫的面料、手感出发，接着简短地介绍了面料的优势以及穿着衬衫后给人的感受，在介绍款式时，更是简练地突出了重要的信息——这款衬衫"很流行""很精致"。

虽然主播介绍产品的时间不是很长,但是将产品的所有优势都体现出来了,也就是说,该主播在有限的时间内,做到了突出产品的优势和卖点。

【技巧解析】

1. 语言简练,先说重要的信息

展示和介绍产品时,主播要尽量做到语言简练,先说重要的信息,千万不要长篇大论,否则用户很容易失去耐心,离开直播间。

2. 有的放矢,介绍产品的重点

主播介绍产品时要学会有的放矢,抓住产品的重点。下面就以美妆护肤类产品和鞋靴服饰类产品为例,为大家介绍相关的技巧。

1) 美妆护肤类产品

介绍美妆护肤类产品时,一定要在讲解的过程中展示产品的规格和使用效果。例如,主播推荐面膜时,一定要撕开面膜,展示其精华的含量;主播推荐口红、眼影时,则一定要现场试色,向用户讲解产品的质感。

主播之所以要注重展示产品的使用效果,是因为对于美妆护肤类产品,用户的关注点主要在产品的使用感受及产品的功效上。另外,产品的成分、适用人群和价格也是用户关注的重点。

2) 鞋靴服饰类产品

介绍鞋靴服饰类产品时,要先试穿这类产品,再通过讲解穿搭技巧、穿搭效果等方式说服用户下单。对于鞋靴服饰,用户的关注点主要有面料和穿着感受,还有上身效果、颜色、尺码和价格等。主播在讲解这类产品时,一定不要忽略产品的细节。从细节入手,展现鞋靴服饰做工的精致程度,也是讲解鞋靴服饰类产品的重点之一。

5.2 介绍产品带货效果更好的技巧

主播能否将产品成功推销出去,提高用户购买的兴趣,介绍产品这一环节至关重要。因此,在介绍商品的过程中,主播有必要掌握一定的技巧,让自己的表达更能打动用户。

5.2.1 用优惠增加吸引力

购买产品的决定权在用户手中,用户都希望产品足够实惠。因此,主播与其花费

大量的时间和精力把产品说得天花乱坠,还不如在介绍产品过程中给出一些优惠。

【案例展示】

主播:各位宝宝,我们这款粉底液质地细腻,上妆服帖,并且持久控油,用了它,你们不用担心妆容厚重、容易脱妆的问题。

用户:你推荐的这款粉底液好是好,就是我感觉有点儿贵啊!我还要再想一下。

主播:这位宝宝,你的担忧我可以理解,但你应该也知道,我们直播间的优惠力度是比大多数直播间大的。你买了这款产品,我们还赠送赠品。你看,有洗面奶小样和隔离霜小样,还赠送了一个化妆刷、美妆蛋。也就是说,只要你买了这款粉底液,我们会赠送给你4种不同的赠品……

用户:哇,这样看就划得来了!我下单吧!

以上为某主播介绍产品的案例,从主播与用户沟通的部分内容中可以看出,用户对产品的价格不满意。直播间的优惠力度有限,如果产品已经打折了,还是没能满足用户的预期,主播就要从其他切入点来说服用户。该主播便从赠品入手,对赠品进行了介绍,并强调了赠品的数量,以此提高产品的吸引力。

【技巧解析】

1. 给出优惠

大多数用户之所以喜欢直播购物,是因为直播间产品的价格比较优惠,如果产品的价格太高,一些对价格比较看重的用户就会很容易放弃了解该产品。用户并不是对产品没有兴趣,而是觉得产品的价格不符合期望。

此时,主播如果能给出一些优惠,即便这个优惠实际上没有太大价值,也能达到满足用户心理需求的效果,从而让用户下定购买的决心。

2. 多赠送赠品

在给出一些优惠之后,一部分用户可能仍不满足。面对这种情况,主播可以通过强调赠品的种类多、数量多,让用户降低对产品价格的要求,还可以帮助用户计算赠品的价值,使其觉得自己占了便宜。

例如,某销售美妆产品的主播在介绍产品时,通常会用类似"只买一款产品,就赠送这么多赠品……""你们买一瓶洗面奶,我们就赠送一瓶20毫升的乳液小样,这个品牌的乳液一瓶100毫升,在专柜的售价是300元,大家算一下,这个小样价值60多块钱呢"的表达来促使用户打消对价格的顾虑,让用户觉得优惠力度很大。

3. 强调性价比高

主播一定要让用户知道自己所推销的产品性价比是比较高的。主播可以对用户说:"宝宝们,我们的产品质量是一流的,它的原料是×××,这种原料有×××特点。它的性价比是很高的。"主播通过强调产品的品牌、生产原料、设计、做工和稀缺性等,提高产品在用户心中的预期价格,然后再给用户一个优惠的价格,这样一来,用户就会认为产品物超所值。

5.2.2 让用户具有选择的空间

在用户眼中,主播是商家的代表,维护的是商家的利益,主播必须通过一些话术让用户觉得你是在为他们挑选更合适的产品,而不仅仅是想快点让他们掏钱下单。因此,主播可以多介绍几款产品,让用户有选择的空间。

【案例展示】

用户:主播,你们直播间的牛奶种类这么多,我该怎么选择呢?能不能给我推荐一下?

主播:嗯,好的,乐意为您效劳,您有什么要求呢?

用户:我是想送给上高中的弟弟,所以,最好是营养价值高一点儿的纯牛奶。

主播:如果是买纯牛奶,我推荐 A 品牌的 C 款纯牛奶和 B 品牌的 D 款纯牛奶,这两款牛奶一直都销得不错。关键是,现在购买还有优惠。C 款牛奶现在是原价的 8 折,D 款牛奶第二件半价。不知道您更喜欢哪一款呢?

用户:我个人喝 A 品牌的牛奶比较多,对这个品牌比较信任,现在还打 8 折,那就买一箱 C 款牛奶吧!

以上为某主播向用户推销产品的案例。案例中,这位主播的表现非常优秀,他在介绍产品时,首先咨询了用户的需求,然后根据需求给用户提供了两种选择,用户不会觉得主播的推销性质特别强烈,因此获得了用户的信任。

【技巧解析】

1. 根据需求给出选项

主播在推荐产品之前,一定要先了解用户的要求。一方面,这可以帮助主播弱化故意引导用户购买某件产品的目的,使用户觉得自己掌握了主动权;另一方面,只有了解了用户的真实需求,主播才能做出相应的推荐,给用户提供一些合适的选择空间,引导用户完成购物。

2. 选项间要有差异性

向用户推荐的同类别产品,不能是相似度较高的产品,否则用户难以做出选择,这样会大大延长用户思考的时间,一旦用户考虑时间过长,影响交易的不确定性因素就增加了。

5.2.3 善用对比突出价值

主播要想更好地介绍产品,提高用户的购买兴趣,可以运用对比(突出价值的方法,也是非常有效的),它可以最大限度地突出产品的价值,提高产品在用户心中的地位。主播在对比产品时,主要从两个角度切入,如图 5-3 所示。

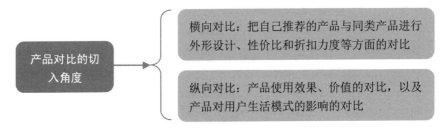

图 5-3 产品对比的切入角度

【案例展示】

主播正在直播间中介绍一款榨汁机。

主播:我们推荐的这款榨汁机很耐用,这款 399 元的榨汁机一般可以用 3~4 年,算下来每天只需要 3 毛钱。

用户:可是自己榨果汁很麻烦,还不如在店里买榨好的果汁喝呢!

主播:这位宝宝,我们的这款榨汁机与市面上其他的榨汁机不一样,它清洗起来非常方便,榨完果汁,只需要用水一冲就干净了。大家在外面买果汁,不说果汁是否干净、新鲜,买一杯要花 20 块钱,如果一个月买 3 杯,3 年的成本就是 2160 元。如果你们一家三口人,那么 3 年里,你们买果汁一共就需要花费 6480 元!这样一对比,是不是买榨汁机要更划算呢?

用户:好像也有道理,那我就买一个吧!

以上为某主播利用对比说服用户下单购买产品的部分内容。该主播之所以能成功说服用户下单,是因为他将所销售的产品与市面上的其他产品进行了对比,通过清洗的便捷程度和成本的计算,突出了产品能给用户带来的价值。

【技巧解析】

1. 和其他同类产品进行对比

用户在对产品建立认知或进行价值判断的时候,如果主播为用户提供了产品对比的参照物,用户就会基于眼前的参照物进行对比,判断产品是否值得购买。

2. 用优惠前后的产品价格进行对比

主播可以将优惠前后的产品价格进行对比,突出产品的优惠力度。例如,大多数主播会帮用户算出优惠金额,并通过重复强调产品优惠的金额,向用户传递优惠力度很大的信息,从而突出产品的价值。

3. 用产品使用前后的效果进行对比

主播利用产品使用前后的效果进行对比,可以让用户对产品的使用效果有深刻的印象。好的参照物能让用户快速建立对产品的认知,不断强化你想突出的关键信息,让用户更快地做出决策。

主播亲自体验产品并分享使用感受,往往能引起用户共鸣,获得用户的信赖。例如,一些专门卖护肤品的主播会在直播间的屏幕一侧展示使用产品前后的照片,让用户看见产品的使用效果。

当然,主播在将自家产品与其他产品进行对比时要注意文明用语,不能以恶劣、粗俗的语言过度贬低、诋毁其他产品。只有这样,用户才会真正喜欢你的直播,信赖你的产品。

5.2.4 多强调功能利益点

功能利益点就是产品的功能性优势。以销售服装为例,服装的功能利益点有很多,如透气、吸汗、轻薄和保暖等。用户在挑选商品时只关心"我能得到什么",所以主播在讲解产品时,一定要让用户听得懂,站在用户的角度,告诉用户这款商品能给他带来什么价值。

【案例展示】

主播:各位宝宝,下面给大家带来的是一款套装。我们这款上衣看起来非常有质感,棉质的布料穿起来很舒适,它的颜色是黑色,穿上更显瘦。如果你正在为穿衣不显瘦而苦恼,就一定不要错过这款上衣。

主播:这个套装的裤子是紧身款牛仔裤,虽然是牛仔裤,但是也很舒适、透气,同时它还能够突出腿部的线条,让你显得很高挑。

以上是某主播向用户介绍一套服装时所用的表达方式,主播的侧重点主要在服装"舒适""透气"和"显瘦"的功能利益点上。主播通过向用户传达产品能给用户带来什么价值等信息,显示出服装的优势和价值,这往往能轻易地打动用户。

【技巧解析】

1. 让用户看得见产品效果

让用户看见产品的实际效果，就是强调产品功能利益点的一种体现。以销售服装产品为例，主播通常会近距离展示服装的做工细节，讲述服装的布料特点。

2. 重要信息反复讲

直播间一直会有新用户进入，主播需要重复引导，尤其是重要的信息要反复讲。例如，促销的规则、下单的步骤以及产品的核心卖点等，都可以通过情绪、语气以及重复强调来引导用户。

主播在反复强调重要的信息时，切记不要用太多感受不到的形容词，例如"自信""更吸引人""充满魅力"等。这些词在节奏快的直播间作用并不大，主播要表达的应该是一些用户能直观看到的信息。

5.2.5 欲扬先抑更显真实

部分主播在向用户介绍产品时，为了增强产品的吸引力，一味地展示产品的优势。殊不知，主播过分夸大产品优势，很可能会让用户觉得你的介绍不够真实。要引导用户完成购物，主播赞扬产品的优点时，就不能太过刻意，不然用户很可能会质疑主播介绍内容的真实性。因此，介绍产品时，主播可以利用欲扬先抑的手法来突出产品的优势。

【案例展示】

用户：你直播间衣服的款式很多啊，可以讲解一下A款衣服吗？

主播：这位宝宝真有眼光。这款衣服是我们直播间卖得超火的一款，它的布料是棉麻的，如果用洗衣机洗的话，容易皱，我建议手洗。当然，如果用洗衣机洗了，再用熨斗熨一下也可以。棉麻布料制作的衣服一般都很轻薄、透气，特别适合在夏天穿，因为它不会让人感到闷热。

用户：看着倒是不错，正好夏天要到了，我考虑一下要不要买。

主播：这款衣服确实很不错哦，它的版型好，价格也便宜，不瞒你说，我给自己也留了一件。

用户：你倒是挺坦诚的，把产品的缺点都说出来了，冲这一点我就觉得你的推荐靠谱。而且它还有这么多优点，好了，我就拍一单吧！

以上为某主播向用户介绍产品的部分内容，在这个案例中，主播并没有故意隐藏产品的不足。而是用欲扬先抑的策略，在讲述产品的优点前，先委婉地告知用户产品的不足，再介绍产品的优势。这样不仅没有让用户对产品的质量产生顾虑，反而认为主播是一个比较坦诚的人。

【技巧解析】

在用欲扬先抑的策略介绍产品时，合理运用比较的手法非常重要。通常，主播在表达产品的不足时只需简单带过，优点则需要详细地解读。告知用户产品的优点才是打动用户购买产品的主要手段。在已经指出了产品缺点的情况下，如果主播不能详细解读优点，让优点盖过缺点，用户就可能会觉得产品的缺点比优点还突出，从而放弃下单。

5.2.6 巧妙利用共情语言

共情是指设身处地地体验其他人的处境。主播介绍产品的目的就是让用户购买产品，而要让用户下单，除了击中用户的痛点之外，还要多用一些能引起用户共情的表达，从而更快地促成交易。

【案例展示】

某主播在向用户介绍一款口红时，经常会用一些引起用户共情的表达来营造购物氛围。类似"哇，这是你有钱都很难买到的颜色""涂上它，你走在大街上，人们都想多看你一眼""买它，你就是仙女""这款颜色超高级，涂上它，你的优雅气质就体现出来了"等表达。

除此之外，该主播还有一句经典的口头禅，当他说"所有女生，所有女生！买它买它买它，来，准备好了没有？上链接！赶紧抢！"这句话时，用户往往会瞬间将产品抢购一空。

以上是某主播经常使用的表达方式，也许很多人会认为这些表达很简单，但其实他所说的每一句话都能够引起用户强烈的共情。

【技巧解析】

1. "三观"是共情的原动力

主播要有一颗为每位用户推荐好产品的心，有正确的"三观"，用好产品、低价格和正确的"三观"打动每位用户，传达对产品的理解，才会引起更多用户的共情。

2. 举例将用户代入情境

举例是将用户代入情境，引起用户共情的有效方式。例如，某主播在介绍一款大牌口红时，是这样说的："这个色号颜色偏粉，属于气质红，皮肤白的女生赶紧买它！"这时，那些认为自己皮肤白的用户，就会将自己代入涂抹口红的情境之中。

主播利用举例的方法，让用户确信自己和例子中的人一样，用了产品之后会变得很美，这样一来，用户购买产品就在情理之中了。

第6章

消除疑虑：
让用户放心下单

学前提示

因为直播购物时无法亲自查看实物，所以用户对产品有疑虑是一件很正常的事。

而用户之所以愿意花费时间就相关疑虑咨询主播，大多是因为对产品有需求。因此，如果主播能够消除用户的疑虑，让用户对产品放心，便有可能迎来成交率的直线上升。

要点展示

- 对产品本身的疑虑
- 对物流运输的疑虑
- 对售后服务的疑虑

6.1 对产品本身的疑虑

因为直播间内产品的优惠力度通常比较大,所以很多用户喜欢在直播间购物。但是,当产品的价格普遍较低时,产品的质量就很容易受到怀疑。

主播作为联系产品与用户之间的桥梁,主要工作职责之一就是消除用户的疑虑,维护用户关系,从而创造效益。

6.1.1 对产品质量的疑虑

许多用户在直播购物时有一种矛盾心理:一方面,他们希望以更优惠的价格获得产品;另一方面,当价格比较低时,他们又觉得产品的质量可能存在问题,否则商家不会以这么低的价格出售。

质量是用户购买产品的关键因素,如果某件产品质量不过关,那么即便价格足够便宜,用户大概也不会下单。因此,当用户对产品的质量有疑虑时,主播需要尽可能消除用户的疑虑,促使其成功下单。

【案例展示】

用户:你们直播间A品牌的银色款手机价格比较实惠啊!

主播:是的,这款手机在线下实体店的售价为4000元左右,今天在我们直播间只要3888元,便宜了100多元呢!

用户:这么便宜不会有什么问题吧?

主播:您放心,这次优惠是为了感谢新老用户对本直播间的支持进行的促销,质量方面不会存在任何问题。

用户:那为什么银色款是3888元,金色款却要3948元呢?

主播:物以稀为贵,金色款的市场需求量相对较大,有些供不应求,拿货价相对高一些,所以售价也要稍贵一些。

用户:3888元对于我这种刚参加工作的人来说不是小数目啊!我还是担心这个手机不是正品。

主播:您放心,我们是A品牌手机的官方授权店,所有手机绝对都是正品。收到手机之后,您可以在A品牌官网输入序列号进行查询。如果查询结果有问题,将无理由退还所有款项。另外,今天是本次活动的最后一天,活动结束后,这款手机的价格将恢复3988元。如果您觉得这款手机还不错,就要抓紧时间下单了!

用户：听你这么说，应该不会有什么问题，那我还是下单买一个吧！

以上为某主播与用户沟通的部分内容，不难看出，因为直播间的产品价格比线下实体店要低一些，所以用户对产品的质量有疑虑。主播通过与用户沟通，慢慢消除了用户的疑虑。

主播先从价格切入，将感恩促销、供求关系决定价格作为理由，对产品价格低、不同颜色的产品价格有差异分别进行了说明。然后再以"官方授权店"作为正品的保证，并在为用户提供判定真伪方法的同时，做出了不是正品无理由退款的保证。最终主播的表达打动了用户，用户对产品质量的疑虑消除了，并表示要下单。

【技巧解析】

1. 说明低价的原因

在用户看来，商家是以营利为目的的，不可能不顾自身利益，无缘无故降价甩卖。除非产品的质量有问题，商家才会急于处理。当用户对产品的质量有疑虑时，主播有必要说明低价出售的原因，让用户觉得"便宜得有理由"。不仅如此，主播还可以告知用户优惠只在限定的时间内才可以享受，从而坚定用户下单的决心。

上述案例中，主播通过告知用户"今天是本次活动的最后一天，活动结束后，这款手机的价格将恢复 3988 元"，让用户产生抢购的紧张感，达到了促使用户下单的目的。

2. 做出质量保证

主播向用户说明低价原因后，可能仍有用户对产品的质量有疑虑。因此，主播还需对产品的质量做出保证，让用户对产品的质量多一分信心。

例如，主播可以为用户提供产品是否为正品的验证方法，承诺不是正品可以在限定时间内退货，甚至可以打出"假一赔十"等口号，让用户觉得主播对产品的质量非常有信心。

6.1.2 对产品规格的疑虑

除了对产品的质量问题有疑惑之外，用户对产品规格的疑虑也比较常见，具体情况如下。

1. 产品不正规

当产品的规格不符合标准时，用户有理由认为该产品是不正规的。不正规的产品，其质量可能不过关，所以用户一般不会轻易购买。

2. 产品不适合用户

虽然产品有统一的标准，但是可能不同品牌执行的标准有差异。例如，有的品牌的产品尺码普遍偏大。

【案例展示】

用户：你推荐的这款鞋挺不错的，我个人比较喜欢，就是不知道有没有适合我的尺码。

主播：您放心，所有尺码我们都有库存，选择自己的尺码直接拍就可以了。

用户：嗯，你们的尺码标准吗？

主播：您看，这是中国码、美国码和欧洲码等不同标准的对照表，我们直播间的鞋子是以欧洲码为标准的，您对照这个表选择对应的欧洲码就可以了。

用户：你们这个欧洲码标准吗？

主播：您放心，我们的尺码是标准的。当然，因为测量方法的不同，实际尺寸会有2~3毫米的误差，这是在正常范围内的。

用户：我买过其他直播间的鞋子，也说尺码是标准的，可是收到后却发现根本不是那么回事，你们不会也这样吧？

主播：您放心，我们鞋子的尺码都是标准的。如果尺码有问题，您可以直接退货，我们会送运费险。

用户：你这么说我就放心了，那我拍一双吧！如果尺码不标准，我会退货哦！

以上为某主播与用户沟通的部分内容，不难看出，该用户对产品还是有购买欲望的，但可能在产品规格不规范这方面吃过亏，因此对产品的规格有一定的疑虑。

面对这种情况，主播先向用户介绍了自家产品的尺码标准，为用户选择尺码提供了参照。然后又对尺码进行了保证，对可能的误差进行了说明，并做出了尺码有问题可以退货的保证，还说会赠送运费险。可以说，几乎所有与产品规格相关的内容该主播都考虑进去了，用户决定下单自然也在情理之中。

【技巧解析】

1. 说明自身规格

不同地区采用的标准可能存在差异，为了让用户选择到适合自己的产品，主播需要对产品所采用的标准进行必要说明，并为用户提供不同标准的对照表。如果主播想要减轻自己的工作量，也可以将产品的规格说明直接展示在直播间内，让用户自行参考。

2. 不标准可退货

退换货很麻烦，这是大部分用户反复确认产品规格的直接原因。对此，主播可以通过一定的举措，给用户信心，让用户放心下单。例如，承诺产品不合适可以直接退货。一个适时的承诺，有可能让产品的成交率大幅上升。

6.1.3 对款式是否过时的疑虑

当某产品以促销价出售时，多数用户会好奇产品优惠的原因，担心产品过时了，才有这么大的优惠力度。因此，主播需要及时消除用户对"产品是否过时"的疑虑。主播在说服用户时，可以告知用户产品低价的原因，结合当下流行元素对产品进行介绍，再站在用户的角度说出用户购买该产品的好处，从而引导用户下单。

【案例展示】

用户：主播，这款冰箱怎么这么便宜啊？是不是去年的款？

主播：这位顾客，您放心，这款冰箱是今年的新品，功能强大、外观时髦，在商场里可是爆款，怎么会过时呢？

用户：那为什么这么便宜啊？

主播：那是因为您来得太巧了，今天为回馈新老粉丝，这款冰箱特价出售。

用户：哦，这样啊！

主播：您考虑买一台吗？先到先得，错过了就没有了哦！

用户：那好吧，我买一台。

以上为某主播与用户沟通的部分内容，用户因为看到直播间的冰箱价格很便宜，怀疑该冰箱是过时的产品。面对用户对产品是否为旧款的提问，主播说明了产品便宜的原因，再拿产品性能、外观以及"在商场里是爆款"的说辞说服了用户，使用户打消了"产品过时"的疑虑。

【技巧解析】

1. 以促销活动来解说

在用户看来，新品打折的概率很小，除非是产品已经过时，商家才会清仓甩卖。主播需要及时打消用户的疑虑，告知用户直播间正在做一些促销活动，所以优惠力度才如此之大。以下 3 种促销方式都可以成为产品优惠的理由，如图 6-1 所示。

2. 以流行元素来解说

一些用户对主播戒备心强，仅仅告知优惠原因，并不能让他们信服。此时，主播可以结合当下比较流行的元素进行解说，让用户自己去衡量产品是否过时了。

例如，面对购买服饰的用户，可以把流行的风格、颜色和外观融入产品介绍中；面对购买科技产品的用户，可以把流行的外观设计、先进的功能结合到产品介绍中。如果仍无法说服用户，还可以参考以下 3 种方法，如图 6-2 所示。

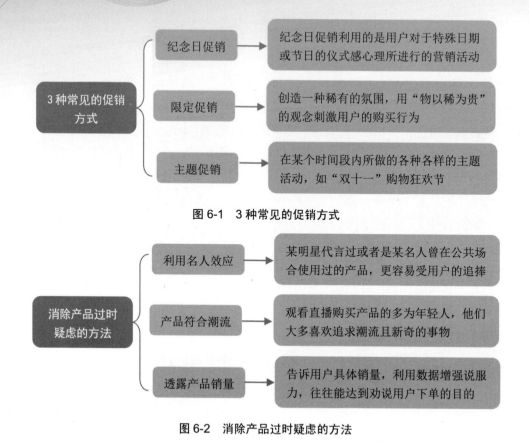

图 6-1　3 种常见的促销方式

图 6-2　消除产品过时疑虑的方法

6.2　对物流运输的疑虑

物流问题是许多用户在直播购物时常问的问题，一般来说，对物流运输有疑虑的用户，是比较急于使用产品的。对于这类用户，主播要耐心解答他们的问题，打消他们的疑虑。

6.2.1　对发货时间的疑虑

通常情况下，如果用户对发货时间有疑虑，说明该用户对于产品有着较强的购买欲。此时，主播只要告知用户具体发货时间或者发货计划，用户很可能就会下定购买的决心。

【案例展示】

案例 1

用户：你介绍的这件外套我很喜欢，就是不知道你们直播间的发货速度怎么样。

主播：正常情况下，我们是 12 小时内发货。如果您现在下单，可以赶在下午 5 点快递发车前寄出。

用户：嗯，发货时间还可以，那我拍一单！

案例 2

用户：这条裙子确实不错，我很喜欢。我想问一下，下单后多久可以发货？

主播：我们直播间负责发货的同事比较多，一般情况下，成功下单后，当天就可以发货。

用户：当天发货这速度倒是可以，只是你就这么嘴上说说，万一没有发货呢？

主播：嗯，这样吧，给您看一下我们直播间部分订单下单和发货时间的数据。您看，这些用户下单后，基本上都是在半天内发货的。我们是按照用户的下单先后顺序发货的，下单越早，发货就越早哦！

用户：好吧！那我现在去下单！

以上为两位主播与用户沟通的案例，在这两个案例中，用户对于商家的发货时间都有疑虑。而两位主播则通过沟通将用户的疑虑消除，并引导用户完成下单。

当然，这两个案例中的用户性格不同。案例 1 中的用户明显好说话一些，主播只是说明了发货时间，并做了保证，用户便放心下单了。案例 2 中的用户则比较谨慎，即使主播对发货时间进行了说明，用户仍有疑虑。主播为了取得用户的信任，只能拿出具体凭证来证明。

【技巧解析】

1. 说明发货时间

用户想知道发货时间，是希望对商家的工作效率有一个大致的把握，从而判断商家的实力，并对收快递的时间进行估算，因此，主播需要做的就是向用户说明具体的发货时间。为了让用户觉得商家确实有实力，主播还可以介绍当天已下单并发货的订单量。对于发货时间，如果主播对用户做出了承诺却实现不了，用户很可能会对主播，乃至商家产生不满情绪，从而导致主播和商家失去这些用户。因此，如果做不到按时发货，主播在直播中就不要一直强调发货时间。

2. 晒出相关记录

主播可以直接晒出订单的下单时间和发货时间，让用户通过数据的对比，更加直观地把握商家的发货时间。需要注意的是，主播在展示用户发货时间的相关凭证时，需要保护好其他用户的隐私，以免侵犯用户的隐私权。

6.2.2 对是否会损坏的疑虑

部分产品本身比较容易损坏，商家又没有包装好，再加上暴力运输，等用户收到时，产品已经破损。正因为曾经收到过损坏的产品，部分用户会对产品是否会损坏存有疑虑。

【案例展示】

用户：你推荐的这款马克杯看上去真漂亮啊！

主播：您的眼光真好，这款马克杯是纯手工打造的，而且杯面上的图画也是经过精心设计的，许多用户都觉得它更像是一件艺术品呢！

用户：我倒是想买一个，但是你也知道，杯子是易碎品，我担心在运输的过程中会出现损坏的情况。而且我之前买一些易碎品时就出现过损坏的情况，所以我不得不谨慎一点儿。

主播：这一点您可以放心，我们的打包员在寄快递时会把产品进行严密的包装。直播间中销售的每个杯子都会放置在单独的小盒子中，这个盒子对杯子起到了固定和保护作用，让杯子不至于损坏。除此之外，在小盒子外面，我们还会用大一点的箱子进行保护。当然，在两个盒子的空隙处，我们会用泡沫、塑料等材料固定小盒子，并减轻运输过程中震动对杯子的影响。另外，在运单上面我们也会写上这是易碎品，提醒运输过程中的人员尽可能地轻拿轻放。所以，在运输的过程中基本上是不会出现损坏的情况的。

用户：确实，你们的包装是做得比较好的。但是，你也说了，是基本上不会出现损坏的情况，那假如我不幸正好收到了一个损坏的杯子呢？你们对于这种情况是不是还有其他的保障呢？

主播：您不用担心，本直播间承诺损坏包退。如果杯子收到时就出现了损坏，您只要与主播沟通，并提供一些实质的证据，如照片等，我们就会给您退还购买的款项，或者给您重新发货。

用户：这样啊，那挺有保障的，我想我应该可以放心地拍一单了。

以上为某主播与用户沟通的部分内容，从中不难看出，用户对于产品还是比较喜欢的，但是因为产品是易碎品，所以用户对于是否会在运输过程中出现损坏有很大的疑虑。

对于用户的疑虑，主播先是向用户详细地介绍了产品的包装过程，让用户觉得产品得到了很好的保护。在用户仍有担忧的情况下，主播还做出了损坏包退的承诺，于是，用户便因为权益得到保障而下定了购买的决心。

【技巧解析】

1. 强调包装牢固

一件产品在运输的过程中出现损坏，商家有不可推卸的责任。如果商家的包装足够牢固，就能对产品起到很好的保护作用。因此，除非快递公司在运输过程中出现暴力分拣的情况，否则包装好的产品基本上是不会被损坏的。

当用户对产品是否会被损坏这个问题有疑虑时，主播首先要做的就是强调商家在寄快递之前会对产品进行牢固的包装。在此过程中，为了增强产品包装牢固的说服力，主播甚至可以将包装的过程以及包装的材料告知用户，让用户对其有一个较为直观的把握。

2. 保证损坏包退

虽然好的包装能从一定程度上减少产品损坏的概率，但是并不是所有包装好的产品都能完好地送到用户手中。例如，水果运输时间过长，即便包装得再好，也必然会出现损坏。对于这种情况，主播一味地强调包装严密可能并不能取得什么效果。此时，主播便可以给用户吃一颗"定心丸"，即给用户做出损坏包退的承诺，让用户放心地下单。

6.3 对售后服务的疑虑

售后服务的优劣是商家信誉的写照，也是影响主播带货口碑的重要因素。对用户来说，当两款产品的性能与质量相似时，他们更倾向于选择售后服务更优质的产品。因此，当用户咨询有关售后的问题时，主播一定要保持热情，消除用户对售后服务的疑虑。

6.3.1 对保修问题的疑虑

当用户购买价格相对较高的产品时，往往希望自己的权益能够得到保障，即使产品出了问题，也能得到及时维修。所以用户在下单购买产品前，通常会咨询主播产品保修的相关问题。在这种情况下，用户对保修问题的疑虑将很大程度上影响最终的购买决定。因此，主播应该通过一定的举措，消除用户对保修问题的疑虑。

【案例展示】

用户：你推荐的这款手机我挺喜欢的，它的保修服务都有哪些？

主播：这款手机一年内全国联保，在保修期内，只要不是人为原因造成的损坏，都可以免费维修。当然，像电池这种消耗性配件的正常消耗是不在保修范围内的。这是该款手机的具体保修内容，我已经放在屏幕上了，大家可以看一下。

用户：手机的维修点多吗？

主播：这款手机是由 A 公司生产的，只要是 A 品牌的保修点您都可以持保修卡获得服务。我国 A 品牌的保修点有 600 多个，您在哪座城市？我帮您看一下这个城市有多少个维修点。

用户：长沙。

主播：长沙市区内 A 品牌的维修点超过了 10 个，如果要维修手机的话，还是挺方便的。

用户：嗯，是挺方便的，那我拍一单。

以上为某主播与用户沟通的部分内容，案例中的用户对产品是有购买欲的，只是对于产品保修的疑虑使其还有些纠结。在这种情况下，能否消除用户对保修问题的疑虑，很可能直接影响交易的达成与否。

面对这种情况，主播先是对保修的具体内容进行了说明，然后通过展现该品牌的售后实力，告知用户其所在的城市有 10 多个保修点，打消了用户的疑虑。

【技巧解析】

1. 保修内容具体化

保修内容具体化就是将保修的详细内容告知用户，让用户知道哪些情况下是可以保修的，哪些是不可以保修的。这样的告知会增加用户对产品和主播的信心，让用户觉得产品和主播是可靠与真诚的。在这种情况下，用户往往更容易放心地完成下单。

2. 展现售后实力

除了了解保修内容之外，用户还会对保修是否方便有疑问。例如，有的产品虽然保修的内容较多，但是维修点比较少，用户为了维修产品，需要去比较远的地方，是非常不方便的。

因此，主播需通过展现售后的实力，让用户觉得产品维修很方便。例如，主播可以告知用户产品是全国联保的，当用户所在地保修点较多时，甚至可以通过列出保修点数量和位置，让用户了解维修的便利性。

6.3.2 对退换货的疑虑

实体店的商品能亲自试用，但是网购的商品基本是不能亲自试用。正是因为如此，用户收到产品后，可能会发现产品并不适合自己，此时部分用户可能会对产品是否包退包换有顾虑。当然，产品品类不同，退换货的要求也不同，主播可以根据所在直播间的实际情况，告知用户产品是否可以包退包换。

【案例展示】

案例1

用户：你们直播间的红毛丹看上去还不错，就是不知道味道怎么样。

主播：你放心，我们直播间的红毛丹都是从原产地直接发货，不仅果实饱满、口感甘甜，而且非常新鲜。

用户：那如果我收到的是酸的，能不能退换呢？

主播：这一退一换，等果子再到我们手里，肯定不新鲜了，换位思考一下，这样的果子如果卖给你，你会要吗？而且，这不过就几十块钱的东西，你不至于为了这点钱来回折腾吧！

用户：呵呵，那为了让我们都不折腾，我看我就没必要再买了！你自己留着慢慢吃吧！

案例2

用户：你们这款鞋子很漂亮，我想买一双。

主播：您的眼光真好，这款鞋子是今年的流行款，它的鞋面是头层牛皮做的，内里用的也是皮料，再加上车缝线和圆头设计，让人一看便觉得很高端、大气、上档次，是今年必备的单品之一哦！

用户：这款鞋的价格要600多元，还挺贵的，假如我穿着不合适，可以退换吗？

主播：只要鞋子未被损坏，您在收到货之后的7天内是可以退换的。所以，如果是尺码不合适，您可以和我们的客服人员反馈，然后申请换货，我们收到您退回来的鞋子之后，会重新给您发一次货。

用户：嗯，如果是这样的话，我就不用担心鞋子尺码不合适这些问题了，那我就拍一单吧！

以上为两位主播与用户沟通的案例，两个案例中的用户对于产品能否退换都是有疑虑的。但是，因为两位主播的处理方式不同，所以结果也完全不同。

在案例1中，用户对红毛丹味道不好是否可以退换有疑虑，该主播在解答用户疑问的过程中，表达有欠妥当，所以惹怒了该用户。当然，不能退换这一点是一定要告知用户的，但是在表达时，主播应该顾及用户的感受。

而案例 2 中的主播面对同样情况，不仅告知用户产品是可以退换的，还向用户说明了退换的条件。可以说，单从消除用户对能否退换的疑虑来看，该主播处理得比较好。

【技巧解析】

对于可退换的产品，主播只需告知用户并说清退换的理由即可，一般情况下，用户还是比较容易接受的。但是，当产品不可退换时，用户就会认为产品的使用价值得不到保障。如果此时主播还不能说明理由，获得用户的理解，用户很可能会带着不快离开，而该直播间则将永远失去一位甚至多位用户。

1. 可退换：说清条件

对于可退换的产品，主播在告知用户可退换的同时，还需要说清退换的条件。一方面，这是为了让用户明白产品可退换的要求，消除用户对退换问题的疑虑。另一方面，也是为了维护商家的正当权益。

例如，当用户买的衣服不合身时，是可以申请退换的，但是这需要建立在衣服未出现损坏的情况下。因此，在与用户沟通的过程中，主播需要提前告知用户衣服未损坏才可退换。这样一来，用户知道了商家的退换要求后，会更小心地保护衣服，这在一定程度上对维护商家的利益是有利的。

当然，如果主播给用户提供的是"七天无理由退换货"服务，可以将此作为卖点在直播间多次提醒用户，从而打消用户对包退包换的疑虑。

2. 不可退换：说明理由

部分产品，如食物、化妆品等，其自身属性就已经决定它们是不能退换的。对于这类产品，主播需要在明确告知用户不可退换的同时，给出一些合理的、听着比较舒服的理由。用户是主播的"衣食父母"，无论何时主播都需要让用户获得良好的购物体验。而且如果主播的理由合理，用户感受到主播的诚意后，也不会太过计较其中的得失。

6.3.3 对问题处理时间的疑虑

俗话说："时间就是金钱。"当用户在购物过程中遇到问题时，总希望卖家能够第一时间出面进行解决。但是，并不是所有卖家的售后都做得足够好，所以许多用户都曾遇到过卖家对问题处理不及时的情况。

也正是因为如此，在购物过程中，部分用户可能会对卖家处理问题的时间有所顾虑。而这个顾虑对于用户是否下单购物将产生较大的影响。因此，当用户对问题处理时间有疑虑时，主播必须设法消除其疑虑。

【案例展示】

用户：你们直播间这件白衬衫看上去挺不错的。

主播：您的眼光真好，虽然这是一款衬衫，但是它的七分袖设计以及胸前部位的印花，都让它比一般的商务衬衫更适合年轻人，它的修身设计也能凸显男性的身材。可以说，大部分比较潮的年轻人都会选择这种款型的衬衫。

用户：这款衬衫的款型确实是我喜欢的，但是……

主播：能不能麻烦您说一下您的顾虑呢？也许我可以帮到您。

用户：我网购时曾经遇到过这样的情况。有一次买外套，订单下了一天之后，还没有发货，因为我急着要用，所以我就去找客服。结果，过了半天客服才回复我，帮我解决问题，他们处理问题的反应速度实在是太慢了。

主播：您放心吧，这一点在我们直播间是不会发生的。我们有专门的售后客服，所以如果您在购物时遇到了什么问题，只要联系售后客服就可以在第一时间得到解决哦！

用户：不是我不相信你，但是主播一般都是比较敢做承诺的，所以单凭你说的这些，我难以判断其中的真实性。

主播：您的担忧可以理解，不过，这里还有"证据"哦！大家看一下我接下来播放的短视频，我们整理了用户对售后处理的评价截图，从中不难看出，绝大部分用户对我们的售后服务都是比较满意的。

用户：看到这些，我就放心了，谢谢你！

以上为某主播与用户沟通的部分内容，用户因为曾经有过不愉快的购物体验，所以对于商家处理问题的时间和效率有所疑虑。这也是用户迟迟未下单购买产品的重要原因。这种情况下，主播的首要任务就是消除用户对售后处理时间的疑虑。

对此，主播主要从两方面为消除用户疑虑做出了努力，不仅向用户介绍了直播间的售后处理阵容，还通过截图的形式，将其他用户的评价作为"证据"，取得了用户的信任。

【技巧解析】

1. 做出正面回答

如果主播不正面回答用户的问题，反而是拐弯抹角，用户会觉得主播不够可靠。因此，当用户就问题处理时间进行询问时，主播必须正面做出回答，让用户放下心来。

在此过程中，主播可以在回答的过程中加入一些可以证明售后质量的信息，例如,告诉用户有专门的客服解决购物过程中遇到的问题,让用户觉得售后问题可以在第一时间得到解决。

2. 给出实质"证据"

如果主播只是嘴上说会在第一时间帮用户处理问题,却不能给出实质的"证据",用户可能不会买账。因此,在必要的时候,主播还需给用户看一些"证据"。例如,主播可以将其他用户对于处理问题的好评通过截图呈现给用户。有图有真相,这样用户对于主播表达的内容会多一分信任。

第7章

激发欲望：
给一个购买的理由

学前提示

大部分用户观看直播时，对产品只是有潜在的需求。此时，主播语言上的刺激与引导就非常重要了。

本章主要从营造购物氛围、给出购买理由和制造紧迫感3个方面进行解读，分析主播应该如何激发用户的购买欲望。

要点展示

- 营造愉快直播氛围带动下单
- 在促单的同时给出买货理由
- 制造紧迫感激发用户购买欲望

7.1 营造愉快直播氛围带动下单

用户选择购买某件产品,除了对该产品有需求之外,还会受直播氛围的影响。如果主播营造的是一个愉悦的直播氛围,用户在观看直播的过程中感到愉快,自然会更愿意购买主播推荐的产品。

7.1.1 巧用赞美

谁都希望听到好话,用户也不例外。如果主播能够适时赞美,用户心情愉悦了,也更容易接受主播的推荐。主播要想成功赞美用户,还需要找准切入点。否则,一味地赞美和取悦粉丝,主播也会显得过于"掉价"。

【案例展示】

用户:我想买一条裙子。
主播:这位粉丝,我看到您说想买一条裙子,您是自己穿,还是买来送人的呢?
用户:我是给我女朋友买的。
主播:您的女朋友真幸福,有您这么好的男朋友,您的女朋友肯定是位美女。
用户:她是我心中最美的姑娘!
主播:您女朋友很幸运,找到了这么好的男朋友!现在像您这种不仅知道女朋友适合穿什么,还亲自挑选的男朋友真是越来越少了。对了,您对裙子有哪些要求呢?
用户:你真是太会说话了,其实我也没你说的那么好,不过我觉得你们店的 A 款裙子比较适合她。
主播:您眼光真好,这款裙子是我们直播间的热销单品之一,好评率达到 97%。更为关键的是,这款裙子的修身、高腰、V 领、蝙蝠袖等设计,穿上后既显身材,又显气质。
用户:你这样一说,我更确定这款裙子适合我女朋友了。好了,别的款式也不必看了,就买它。

以上为某主播与用户交流的部分内容,主播了解了用户的需求后,对用户及其女朋友均进行了一番赞美,因为主播赞美的角度拿捏恰当,所以用户对主播也有了好感。此时,主播顺势介绍裙子的卖点,便成功让用户下单了。

【技巧解析】

1. 称赞产品购买者

主播可以从产品购买者出发,称赞其亲自挑选产品,做事亲力亲为,有耐心;也可以在突出产品外观和销量的同时,称赞购买者眼光好;还可以将购买者与某个群体进行对比,称赞购买者比该群体中的大多数人表现得都好。案例中说购买者这种亲自为女朋友挑选服装的男朋友越来越少了,实际上就是通过与大多数"男朋友"对比,来称赞该购买者。

2. 称赞产品使用者

有时候,用户是在为他人挑选产品,此时主播可以通过称赞产品使用者来引导用户下单。例如,主播可以称赞产品使用者很幸福,有人用心在为他选产品;也可以结合产品的特性,称赞产品使用者的身材和气质等。

7.1.2 巧用抽奖

很多主播都会利用抽奖带动直播氛围,让用户觉得该直播间有很多福利。通过直播抽奖,主播不仅能营造愉快的直播氛围,还能让用户持续观看直播。

【案例展示】

某主播在刚开始直播时,为了活跃气氛,留住用户,通常会说:"话不多说,我们先来抽一拨奖。"该直播间的奖品价格一般不会低于100元,而且都是比较热门的产品,如口红、品牌手机和包包等。主播利用简单的开场白直接引导用户参与抽奖,再通过价值高的奖品加持,给用户一种"不抽奖就错过了一个亿"的感觉。

除了直播开始时抽奖,该主播还会通过不定时的抽奖来调动用户的情绪,让用户锁定其直播间。

以上为某主播利用抽奖活跃直播气氛,提高用户观看直播时长的案例。互动抽奖是瞬间激发用户情绪、活跃直播氛围的有效方式,案例中的主播正是利用抽奖的方式达到了营造愉快氛围的目的。

【技巧解析】

1. 直播中定时抽奖

抽奖活动并不是单纯地将奖品送给用户,还要保证抽奖活动有足够的吸引力,主播可以利用定时抽奖来提升用户的期待。具体来说,主播可以进行开播抽奖,快速提升直播间的热度;也可以每过固定的一段时间就进行一次抽奖,让用户永远期待下一次抽奖。

2. 直播中不定时抽奖

有时候，如果主播采用的是定时抽奖，并且每次抽奖的时间间隔又比较长，有的用户可能会在抽奖的间隔去看其他人的直播，这样直播间的观看人数就会不稳定。

对此，主播可以更换抽奖方式，通过不定时抽奖让用户持续关注你的直播间。例如，主播可以将点赞量和产品购买量等数据作为抽奖条件，让抽奖时间具有不确定性，这样，很多用户为了能按时参与抽奖，便会一直留在你的直播间。

7.1.3 保持热情

主播实际上就是产品的推销员，作为一名推销员，就要用热情的服务态度激发用户的购买欲望，从而提高直播间的转化率。主播要明白，在销售类直播中，提升产品的销量比娱乐用户更加重要。

【案例展示】

用户：可以看一下那件黑色外套吗？

主播：您眼光真不错，这款外套用的是羊绒面料，摸起来很柔软，它的版型也很好，您看看，它采用了收腰的设计，可以突出腰部线条……

用户：看起来真的很不错。

主播：我给您试穿一下，您看看效果。

用户：我还是觉得有点儿贵，不想买了。

主播：没关系的，如果觉得这款外套不合适，您可以再看看我们直播间的其他款式，说不定就有适合您的呢！

用户：嗯，我再看看吧！

主播：好的。如果您有什么疑问可以随时与我沟通，我会为您进行专业的讲解。

用户：主播服务态度不错，虽然价格有点儿高，但就冲你这态度，我也得买一件支持一下。

主播：感谢您对我的支持，喜欢我的话可以点个关注，以后我会继续给你们推荐优质产品哦！

以上是某主播与用户沟通的部分内容，刚开始用户并没有表现出强烈的购买意向，但主播并没有气馁，继续保持亢奋的直播状态，试图再次说服用户。主播的热情感染了用户，而用户最终也购买了产品。

【技巧解析】

1. 树立积极乐观的形象

直播时，主播需要时刻展现出积极向上的面貌，让自己始终处于热情的状态，积极主动地为用户服务，这样可以感染每一个进入直播间的用户，同时也有利于树立积极乐观的形象。

2. 有效地管理情绪

如果主播自己的状态低沉，情绪不佳，就很难吸引并说服用户购买自己推荐的产品，甚至无法把用户留在直播间。主播要学会掌控自己的情绪，即使用户说暂时不购买产品，也不能流露出不满的情绪，而应该保持亢奋状态，在热情接待用户的同时，给用户做出一些引导，增加用户的购物可能性。

7.2 在促单的同时给出买货理由

主播在直播带货的过程中，很可能会遇到用户对产品很感兴趣，却犹豫不下单的情况。面对这种情况，主播要尽量了解用户犹豫的原因，给用户一个购买的理由，有技巧地刺激用户下单。

7.2.1 直接促单，提出下单提议

用户在下单购买产品前，通常会考虑要不要购买该产品，用户考虑的时间越长，顾虑可能就越多，这对于主播来说是非常不利的。因此，当主播向用户推荐产品时，如果用户说"我想考虑一下"，主播千万不要给用户太长的思考时间，因为时间越长，变数可能就越大。对此，主播可以直接提出下单建议，促使用户做出购买决定。

【案例展示】

用户：这双鞋子还能再优惠一点儿吗？

主播：您好，这已经是超低价了，我们的价格比其他很多直播间都低得多，现在下单很划算的。

用户：那我再考虑一下吧！

主播：我理解您的顾虑，不过这双鞋子真的很受欢迎，不论是做工还是材质都非常不错，而且穿着非常舒适。您穿多大码？因为比较抢手，有些尺码已经没货了，我

担心您再考虑就买不到了。

以上为某主播与用户沟通的部分内容，当用户询问鞋子是否能够再优惠一点儿时，主播并没有在价格上让步，所以用户还想再考虑一下。从用户询问优惠情况可以看出，其对这款鞋子是比较满意的，此时主播只要强硬一些，不给用户考虑的机会，就很有可能说服用户下单。

【技巧解析】

1. 暗示产品抢手，刺激用户下单

一般来说，用户告诉主播自己需要再考虑一下时，就证明用户是有购买打算的，此时主播要通过一定的手段来刺激用户下单。例如，主播可以通过一些话语向用户表达出产品是很抢手的，让用户明白错过时间就很难再买到了。

2. 适当强硬，让用户做出决定

用户下单前需要考虑是很正常的，主播千万不要消极应对，而要想办法让用户当场做出决定。例如，当用户仍然对产品价格有顾虑时，主播可以这样告诉用户："这已经是优惠价了，您觉得合适的话，可以下单；如果觉得不合适，我也不强求您。"通过这样的方式，让用户知道主播已经没有了让价的可能，从而让试图讲价的用户快速做出购买决定。

7.2.2 鼓励式促单，满足虚荣心

当听到别人夸赞自己时，人们心中往往会有自豪感或愉悦感，这些感觉会促使用户快速做出购买决策。因此，主播可以多夸赞用户，通过适当的鼓励，满足用户的虚荣心，促使其下单购买产品。

【案例展示】

用户：听了你的介绍，我感觉这件衣服还不错。但是，我已经有很多衣服了，正在犹豫还要不要买。

主播：这位顾客，不要犹豫啦，它是今年新出的款式，性价比高，错过了就没有了哦！

用户：我还是想再考虑一下。

主播：真的不要再考虑了，既然您这么喜欢这件衣服，就不要委屈自己，您这么漂亮，穿上这件衣服，别人肯定都会夸您眼光好，美慕您的身材！

用户：哈哈，没有啦，不过你说得好像也有道理，那我就买一件吧！

以上是某主播与用户沟通的部分内容，当用户犹豫要不要买主播推荐的衣服时，

主播做出了肯定的回答，并用"错过了就没有了"营造紧张感，但是用户仍然有所顾虑，于是主播就通过赞美用户来满足其虚荣心，并鼓励用户下单。

【技巧解析】

1. 将正面夸奖与侧面赞美相结合

恰当夸奖是促单的有效武器，主播可以将正面夸奖和侧面赞美结合起来，满足一下用户的虚荣心。在夸奖用户时，可以夸奖用户本人，还可以赞美用户的朋友和家人，同时利用他人的赞美来夸奖用户。例如，主播可以这样夸奖用户："您的朋友看到您买这么漂亮的衣服，肯定夸您眼光好。"

2. 适当运用激将法

当用户犹豫要不要下单时，主播不妨适当地运用激将法。例如，想要说服用户购买服装时，可以说"如果错过了，后面我们可能不会补货了"或者"我穿起来都这么好看，你穿起来肯定就更好看了"。要注意的是，运用激将法促单的前提是用户喜欢这款产品，如果用户不喜欢这款产品，主播强行推销，很容易引导用户冲动消费，从而引发一系列的售后问题。

7.2.3　建议式促单，帮用户做决定

用户难免会拿不定主意，不知道自己该选择哪款产品，如果主播任由用户犹豫不决，就很有可能无法达成交易。对此，主播需要采取一些行动，给用户一些建议，帮用户做出决定。

【案例展示】

用户：你介绍的这两款裙子我都很喜欢，只是我不知道该怎么选择，不知道买哪一款才好。

主播：既然这两条裙子都这么喜欢，那就全买了吧，价格也不贵。

用户：可是我就想买一条啊！

主播：多买一条也无所谓嘛！如果实在买不了两条，你就随便买一条好了。

以上是某主播与用户沟通的部分内容，用户虽然很喜欢两条不同款式的裙子，但是只想买其中的一条，所以迟迟做不了决定。面对这种情况，主播不但没有给用户有用的建议，还为了达成交易极力地推销，想要说服用户购买两条裙子。

此外，"你就随便买一条好了"这句话很不恰当，这不仅会让用户更加犹豫不决，还会觉得主播是因为自己的犹豫而产生了不耐烦的心理。

【技巧解析】

1. 自信诚恳地给出建议

当用户犹豫不决时，主播要掌握沟通的主动权，自信地向用户提出建议。当然，主播在提出建议时，还必须让用户看到你真诚、诚恳的态度。主播可以使用类似"我建议选择……""我觉得×××更适合你"的话语来提出建议，不能因为操之过急而过分地催促用户下决定，否则用户可能会因为无法在短时间内做出选择而彻底放弃购买产品。

2. 先肯定再提出建议

主播在促单过程中，难免会遇到一些比较挑剔的用户，这些用户非常有主见，不喜欢主播帮自己做决定，或者怀疑主播的推荐。面对这种用户，主播不能直接提出建议，而是要先对用户的观点表示肯定，再用转折的方式巧妙地提出合理的建议。这样一来，这些挑剔的用户因为主播认同自己的想法，就会逐渐放下防备，从而愿意听从主播的建议。

7.2.4 营造使用场景，激发购买欲

很多用户观看直播时，没有明确的消费需求，主播可以营造产品的使用场景，给用户一个下单的理由，让用户知道为什么要买产品，激发用户的购买欲。

【案例展示】

主播：夏天到了，大家有什么想要买的单品吗？如果是我的话，夏天一定会买渔夫帽。

用户：为什么呢？

主播：女孩子出门一定要做防晒对不对？如果我们随身带个遮阳伞有时候很不方便，收起来放包里也放不下。但是渔夫帽很小，大家平常用的小包都可以折叠塞下。你们看我手上的这款渔夫帽，帽檐很宽，可以保证脸部不会晒到太阳。我们直播间的渔夫帽款式很多，也很百搭，穿淑女一点的裙子也可以戴。

用户：好像真的很不错，那我买一个吧！

以上是某主播与用户沟通的部分内容，主播通过与用户聊天的方式，给用户营造了一个场景：夏天出门带防晒伞不方便，随身带的包装不下一把伞，就可以戴渔夫帽。利用营造产品使用场景的方式，主播成功地激发了用户的购买欲望，让用户下单。

【技巧解析】

1. 讲述具体的场景

讲述场景就是描述一个产品的使用场景，把用户带入这个场景，让用户觉得在该场景下使用产品能给自己带来一定的价值。

例如，某主播给用户推荐一款防蚊液时，他是这样说的："夏天带小朋友去公园玩，我们需要喷防蚊液，如果使用普通防蚊液，需要喷小朋友全身，那样的话身上全是防蚊液的味道，小朋友不爱闻。这个时候建议您用我们的产品，我们这个产品有两个优点，一是气味很小，二是喷洒量不大……"他的话成功地将用户带入场景中，于是这款防蚊液很快就被抢购一空。

2. 调动用户的想象力

当然，仅仅讲述具体的场景不一定能够说服用户。此时，主播需要充分调动用户的想象力，才能将用户带入场景中。因此，主播在讲述具体场景时，还要懂得把问题抛给用户，让用户思考答案是什么，再引出产品解决问题。

7.3 制造紧迫感激发用户购买欲望

直播带货行业竞争激烈，用户面临的选择很多。因此，主播要懂得说服用户，在一定程度上要给用户施加压力，让用户化被动为主动，坚定其在直播间购物的决心。

7.3.1 强调促销的力度

虽说很多时候价格与产品质量等密切相关，但是谁也不介意用更低的价格买到某件产品。因此，如果主播能够通过强调促销的力度让用户觉得买到就是赚到，那么用户下单就变成了顺理成章的一件事。

【案例展示】

用户：主播，我想买一本内容相对全面的手机摄影书，最好是最近出版的，你帮我推荐一下呗！

主播：您看这本《手机摄影高手》怎么样？这是上个月刚出版的。这本书对拍摄、构图和后期处理等内容进行了详细介绍，而且这是一本实战型摄影书，可以说，通过这一本书便能对摄影的各个环节有所了解，实现从新手到高手的突破。

用户：看着是不错，这本书要多少钱？

主播：这本书原价为 49 元，现在促销，打 6 折，只要 29.4 元，比原价便宜了近 20 元哦！

用户：这个价格确实便宜了不少啊！

主播：是的，这本书此次的促销力度很大，而且还包邮。以后很难再有这么实惠的价格了。如果您觉得这本书还不错，得把握这个机会啊！

用户：那好，我就买一本吧！

以上为某主播与用户沟通的部分内容，不难看出，该用户对主播推荐的书比较满意，等主播说出折扣优惠之后，该用户认为优惠力度很大。再加上主播说"以后很难再有这么优惠的价格了"，这句话给了用户压力，所以该用户很快便下单了。

【技巧解析】

1. 强调折扣

打折往往更能吸引用户，哪怕是九九折，也会让用户感觉占到了便宜。当折扣比较低时，部分用户的注意力便放在了价格上，对产品质量的要求也就没那么严苛了。所以，主播如果能够适时突出产品的折扣，可以在一定情况下引发用户消费。

2. 强调差价

虽然多数主播只为用户提供咨询服务，没有权力修改价格，但是主播可以将店铺的活动传达给用户，强调差价，增加产品对用户的吸引力。另外，产品受供求关系等因素的影响，各阶段的价格也会有差异。

此时主播如果能够用产品的历史价格，特别是较高的历史价格或原价，与促销时的价格相比，就可以得到一个差价。这个差价在用户看来就是商家让利力度的重要体现。差价越高，购买该产品越划算，而用户自然也更乐意消费。

7.3.2 制造短期的优惠

为了获得更多流量，许多店铺都会以"秒杀"等形式，在限定时间内低价出售限量的产品。一旦活动时间结束或是产品卖完，便会恢复原价。

对此，主播可以合理利用店铺的短期优惠，吸引更多的用户到店铺内消费，再从活动时间和产品数量方面对用户进行购物引导，给用户施加压力，让用户抓紧时间完成购物。

【案例展示】

用户：主播，推荐一下你们直播间性价比比较高的、螃蟹个头比较大的礼券。

主播：您可以看一下 A 款大闸蟹礼券，它包含公蟹、母蟹各 4 只，其中，公蟹 4 两 1 只，母蟹 3 两 1 只。

用户：看上去还不错，多少钱呢？

主播：单买是 268 元，现在搞促销，可以领满减券，满 499 元可减 200 元。也就是说，买两盒的话，实际只需要支付 336 元，每盒只需 168 元，非常实惠。

用户：便宜倒是便宜，就是只有两个人吃，买两盒我怕吃不完。

主播：我们直播间销售的是礼品券，您可以根据选择时间分别兑换，有效期为两个月。我们的优惠活动仅限今日，活动还有 3 小时就结束了，而且限量 2000 盒，现在已经只剩下不到 300 盒了。如果您要买的话，得抓紧时间了。

用户：可以分开兑换那就没问题了，我买两盒吧！

以上为某主播与用户沟通的部分内容，不难看出，虽然优惠对于该用户有一定吸引力，但是因为担心买两盒吃不完，该用户最初还在纠结到底要不要买。当主播提出礼品券可以自己定时间兑换，并告知优惠快要结束之后，用户担心错过这次机会，最终决定听取主播的建议，下单选购两盒。

【技巧解析】

1. 强调活动时间

即便商家给予用户较为优惠的价格，有的用户也会对其他方面担忧。面对这种情况，比较好的方法是给用户一些压力，让用户知道，如果不及时下单，错过了很可能要等很长时间。

限定活动时间是制造短期优惠引流的常见方式之一，它的特点就是只有在某一时间段内购物才可以享受优惠。对此，主播可以通过提醒用户活动剩余时间的方式，给用户以压力，引导用户快速下单。例如，当某活动持续 3 天，而用户向主播询问时，主播便可以告知用户"还有×小时，本次活动将会结束……"，给用户营造紧张感。

2. 强调产品数量

除了限定活动时间之外，还有部分商家是通过限定产品数量的方式制造短期优惠的。也就是说，用户只有在限定数量到达之前下单，才可以享受优惠。针对这一情况，主播可以向用户强调产品的剩余数量，这样，用户在权衡之后，很可能就会把心一横，抓住机会下单完成购物。

7.3.3　学会拿销量说事

在购物过程中许多用户都带有从众心理，其中一个体现就是在购买产品时会选择销量相对较多的产品。仿佛只要买的人多，该产品就一定是值得买的。如果主播能够在沟通过程中把握用户的从众心理,学会拿销量说事,便有可能起到意想不到的效果。

当然,拿销量说事也需要一定的技巧,如果只是一味地强调销量高,而不能提供有力的佐证,那么主播所说的销量高在用户看来,很可能也毫无说服力。

【案例展示】

用户:嗨!在吗?

主播:您好,请问您有什么需要?

用户:哦,我想买一些适合宝宝看的书。

主播:不知道您的宝宝现在多大呢?

用户:哦,快两岁了。我就是觉得孩子要六七岁才读一年级,但是,2~6岁的学龄前儿童可以通过一些早教让他更早地了解这个世界,打好学习的基础。不知道你们店有没有适合这个年龄段的孩子的书籍。

主播:您觉得这套《十万个为什么》怎么样?它对历史、文化、动物、植物、科学、人体等方面的内容均进行了解读。而且这套书是专为亲子共读打造的,您还可以和孩子一起阅读。

用户:内容还是挺适合的,只是这是给孩子读的书,质量各方面都应该要好一些。但是,网上购物我又不能亲眼看到这套书,所以我还有些纠结啊!

主播:对于这套书的质量,您大可不必担心。这套书是小店销量较好的书籍之一,月销量达1000套,其中,像您这种为宝宝买书的妈妈就占到了近9成。而且比较关键的一点是,这套书的好评率达到了95%。

用户:这样啊!这么多妈妈都买了,还给了好评,那我就买这套书好了。

以上为某主播与用户交流的部分内容,用户虽然对主播推荐的书籍比较满意,但是因为担忧书籍质量无法保证而迟迟没有下单。

该案例中,主播虽然无法让用户亲自查看产品,但是可以通过销量数据和同类人对产品的评价,让产品的质量变得更有说服力。而用户最终也因为从众心理的影响,坚定了下单的决心。

【技巧解析】

1. 将销量具体化呈现

某冲泡型奶茶的广告文案为:"杯装奶茶开创者,连续六年销量领先。一年卖出七亿多杯,连起来可绕地球两圈",让人印象深刻。这主要是因为它通过"连续六年销量领先""七亿多杯"和"绕地球两圈"等文字对销量进行了说明,让人们对产品销量有了一定的想象空间。

在与用户沟通的过程中,主播只是一味地强调产品销量高,而没有具体的数据做支撑，那么用户会认为主播在自卖自夸。因此，在向用户传达产品销量高这一信息时，主播要给出具体的数据，证明产品的销量确实高。

2．特定人群中的销量

相比于产品总销量，部分用户可能更关注的是产品在特定人群中的销量。例如，年轻人在买衣服时，可能更关注的是同龄人是否也喜欢这个款式。所以，主播可以满足用户的从众心理，用强调同龄人都喜欢的方式说服用户。

在这种情况下，与其向用户传达"月销量达 2000 件"，还不如说"该产品 80% 的用户为年轻人，这部分人的购买量达到 1600 件"。

7.3.4 用小舍换取大得

除了店铺明确给出的福利，主播还可以在与用户沟通的过程中，适当地舍弃一些利益，让用户有被特殊对待的感觉，从而乐于在你的直播间消费。

【案例展示】

案例 1

用户：你好，我看你们店的 A 款帆布鞋还不错啊！

主播：您眼光真好，这是小店销得比较好的款式之一，许多年轻人都觉得这款鞋很好看呢！

用户：好看是好看，就是有点儿贵啊！我如果买这双鞋，就没钱再买袜子了。

主播：一分钱一分货，这双鞋绝对是值这个价的。

用户：如果买了这双鞋子，能不能送我一双袜子呢？

主播：不好意思，小店是小本买卖，买东西是不送赠品的。

用户：这么小气，买一双几百块钱的鞋，送一双袜子都舍不得，那就没法再谈下去了，拜拜！

案例 2

用户：你们店的 B 款牛仔裤还挺有范的，就是价格有些贵啊！

主播：确实，这款牛仔裤的价格是比一般牛仔裤略高一些，但是这款牛仔裤从设计到质量都是可圈可点的。所以，它绝对也是值这个价的。而且这个产品是全国统一定价的，我也无权私自调整价格。您看这样好不好，您购买这款牛仔裤，我再送您一样东西，皮带、帽子或者袜子，您可以随便选择一样作为赠品。

用户：那好吧，我就买一条 B 款牛仔裤，你记得送我一条皮带哦！

以上为两位主播与用户沟通的案例。案例 1 中，用户觉得鞋子有点儿贵，暗示主播赠送一双袜子。如果主播承诺赠送一双袜子，用户很可能便会下单。但是主播舍不得赠送袜子，所以用户便打消了购物的念头。

案例 2 中，用户同样是觉得产品价格略高，但是主播却通过一样赠品轻松地让用户完成了下单。其实，一条皮带的成本不高，能够用这点诱饵获得一笔价值数百块钱的订单显然是值得的。

【技巧解析】

1. 赠送礼品

赠送礼品是主播在沟通过程中特别"照顾"用户的常见方式之一。通过这种方式，主播让用户获得了额外的物品。有时候主播只需在沟通过程中承诺赠予小价值的物品，用户购买产品的欲望便会大大增强。

2. 发放代金券

当用户购物达到一定金额之后，主播还可以向用户发放一些低面值的代金券。当然，这个代金券通常是要下次购物消费满一定金额时才能用的，这样可以为直播间带来一些回头客。

3. 给出小幅折扣

除了赠送小礼物和发放代金券，主播还可以适当地给予用户一些折扣，让用户贪小便宜的心理得到满足。例如，主播可以在原价的基础上给用户打九折或者九五折。这样做看似没有便宜太多，但是用户却会觉得自己的权益得到了维护，而且此时打折有一种被"特别对待"的意味，所以用户很有可能出于个人情感，坚定购物的决心。

7.3.5 举例增强说服力

任主播说得天花乱坠，如果没有具体事实做支撑，那么用户很可能认为主播只是在忽悠自己。为了让表达更具说服力，主播还需提供一些例子。需要注意的是，举例并非是将产品的相关信息全部如实告知用户，而是提供一些可以说明产品功用等信息的证据，让用户充分了解产品，达到促成交易的目的。

【案例展示】

用户：主播在吗？

主播：您好，请问您有什么问题呢？

用户：我想买一盒 BB 霜，你的直播间同类的产品比较多，我不知道怎么选，你能帮我推荐一下吗？

主播：能麻烦您说一下具体要求吗？

用户：哦，遮瑕效果和控油效果要好一点，妆效最好自然一点儿。

主播：您觉得 A 款 BB 霜怎么样？这款 BB 霜我也一直在用，个人感觉还挺不错的。它具有遮瑕、控油、滋润和定妆等功效，在妆效上也显得很自然。

用户：听你的介绍倒是不错，但是效果还是眼见为实，单凭你的这些介绍，我很难判断。

主播：不知道您看没看《××××》电影，这部电影中的××女星用的就是 A 款 BB 霜。这是她使用后的效果，您看一下。

用户：嗯，看起来确实不错，但她毕竟是明星，出来的效果肯定比一般人要好一些，我用了估计没这么好的效果。

主播：那您再看看这张照片，这是湖南省长沙市的某用户使用这款 BB 霜之后的效果。她评论说用了这款 BB 霜之后，朋友们都觉得她比某位女星还漂亮呢！您看看。

用户：虽然不知道我使用的效果怎么样，但是看她们的照片效果，我觉得这款 BB 霜值得一试。好吧，我就买一盒试试。

主播：相信我们这款产品一定不会让您失望的，如果有任何问题可以随时与我联系哦！祝您购物愉快！

以上为某主播与用户交流的部分内容，因为美妆类产品都比较注重使用效果，所以如果主播只是一味地介绍产品信息，而没有举例展示使用效果，那么用户可能会因为无法获知使用效果而打消购物的念头。

上述案例中，主播先是搬出某明星在电影中使用产品之后的效果，接着又通过展示普通用户的使用效果，增强了产品的说服力，因此用户觉得产品值得一试，并决定买一盒。

【技巧解析】

1. 自身的使用感受

主播自身的使用感受是对产品质量、功效强有力的说明。一方面，使用产品之后，主播将感受融入表达中，可以让表达的内容更显真实性；另一方面，如果主播长期使用某产品，那么用户会认为该产品的质量和功效应该不会太差劲。

2. 其他用户的反馈

相比主播的使用感受，其他用户的反馈无疑更具说服力。如果主播能在沟通过程中通过其他用户的反馈进行说明，那么用户会认为主播的表达更具可信度。需要说明的是，主播在用其他用户的反馈信息进行举例说明时，可以介绍案例中人物的相关信息，让举例更具有真实性。

第 8 章

消除抱怨：
增加用户的满意度

学前提示

如果用户就购物过程中出现的问题向主播抱怨，就说明用户对购物是不太满意的。此时，如果主播对用户的抱怨处理不当，就会得不偿失。

当然，正确处理用户的抱怨，不仅能消除抱怨，还能通过沟通获得用户的好感，提高用户的满意度。

要点展示

- 学会理解用户的抱怨
- 消除抱怨的主要步骤
- 消除抱怨的常见技巧

8.1 学会理解用户的抱怨

在直播购物的过程中,如果产品和服务没有达到预期,用户可能就会产生抱怨。主播要在保证自己情绪不受影响的情况下,理解用户的抱怨,并对用户表示歉意、理解和感谢,耐心安抚其情绪。

8.1.1 表示歉意

用户的抱怨很有可能会对主播的带货口碑产生不良的影响,所以当用户抱怨时,不管是不是自己的原因,主播都要先向用户表示歉意。具体来说,主播可以先安抚用户的情绪,然后再对具体问题的原因进行解释,从而消除用户的抱怨。

【案例展示】

用户:你们公司的物流也太慢了,我的东西买了好几天了,还没送到。

主播:对不起,您消消气,一定是我们哪些地方做得不够好,我让客服帮您查一下快递,看是什么原因导致的。

用户:唉,你现在道歉有用吗?都等好几天了。

主播:对不起,我对您遇到的事情感到非常抱歉。您先别生气,您把订单号告诉客服,我们会帮您查清楚情况的。

用户:好吧,那我现在去找客服……

(此时,用户没有了愤怒,开始配合主播的工作。)

以上为某主播与用户沟通的部分内容,面对用户的抱怨,有的主播会反驳一下。但案例中的主播面对这种情况,先是向用户表达了歉意,同意了用户的观点,然后安抚用户的情绪,帮助用户提供了解决的办法。

【技巧解析】

1. 首先认同用户的观点

用户产生抱怨时,往往会迫切地想要被关注和认同,而主播认同用户的观点,能够快速地拉近与用户之间的距离,获得用户的信任。所以当用户抱怨时,快速取得信任的方法,就是先认同用户的观点。

2. 道歉态度足够真诚

不管用户抱怨时的态度多么咄咄逼人，主播的道歉都要足够真诚。人是一种情感动物，只要主播的道歉足够真诚，态度足够好，用户受到主播的感染，情绪自然也就缓和下来了。

8.1.2 表示理解

当用户向主播抱怨时，主播要对用户的抱怨表示理解，并站在用户的角度思考问题。对用户表示理解，不仅能缓和用户的情绪，还能取得用户的信任。

【案例展示】

用户：我真是受不了你们了，你们卖的是什么产品啊，我买回来用两天就坏了。你们的东西还卖得这么贵，真是浪费我的钱！

主播：实在对不起，我们的产品给您带来了困扰，您消消气。

用户：消消气？你说对不起，我就要原谅你吗？

主播：不是的，我们会帮您解决问题的。我能理解您的感受，如果遇到类似情况我也会很生气，但是现在最主要的是解决问题。现在我们正在直播，您可以和我讲一下具体情况，或者找客服人员私聊，我们会帮您解决问题的。

用户：好吧，刚刚我在气头上，希望你能理解，产品用两天就坏了，这质量确实让人放心不下。

以上为某主播与用户沟通的部分内容，主播的语言中充分地表达出对用户的理解，从而赢得了用户的好感。此外，在向用户表示理解时，主播通过换位思考，进一步取得了用户的信任，让自己的语言更有说服力，这对消除用户的抱怨有很大的帮助。

【技巧解析】

1. 表达显示出理解态度

主播在处理用户抱怨时，可以先用"我理解您的感受"或"如果我遇到类似情况，我也会……"等话语来安抚用户的情绪，再开始询问用户遇到的问题，这能够向用户充分表明理解的态度。这样一来，用户觉得主播的立场与自己相同，就会放下防备心理。当主播给用户提出建议时，用户也就更容易接受了。

2. 表达要站在用户的角度

面对用户的抱怨，即使主播已经做到了站在用户的角度思考问题，也要在语言中表达出来，让用户看到自己的态度。如果主播能够处处为用户着想，并站在用户角度表达出自己的想法，那么用户会更加认同主播所说的话。

8.1.3 表示感谢

用户的抱怨在一定程度上可以反映出直播间存在的部分问题，所以用户的抱怨其实是优化服务工作的重要依据。满足用户的需求，才能达到销售产品的目的，对于用户的抱怨，主播应该持感谢的态度。

【案例展示】

用户：主播可以回复我一下吗？

主播：这位用户，请问您有什么疑问吗？

用户：你们店铺的物流太慢了，我下单的第三天才给我发货，这样差的服务，还有人在你们这里买东西吗？

主播：对不起，对于发货服务给您带来的不便我深表歉意，非常感谢您给我们的反馈与建议，我们往后会注意提高物流速度的。

用户：好吧，希望你们的物流快点，产品质量再好一点儿，这样，我以后还会到你们的直播间买东西。

主播：您放心，为了选择质量更好的产品，维护各位粉丝的权益，我们在选品环节一定会更加严格。非常感谢您对我们的支持，您的反馈对我们很重要，如果您还有其他的建议，也可以私聊客服。

用户：好的，目前没有其他的了，有的话再告诉你。

以上为某主播与用户沟通的部分内容，面对用户的抱怨，主播不仅表达了歉意，还表达了感谢，让用户的情绪得到了缓和。当用户提出其他建议时，主播给予了肯定，向用户表明了积极对待的态度，让用户感觉自己受到了重视，有效地消除了用户的抱怨。

【技巧解析】

1. 道歉的同时要表达感谢

面对用户的抱怨，主播要在向用户道歉的同时表示感谢，这不仅是负责任的表现，还体现了良好的职业素养，而且能让用户的情绪缓和下来，拉近与用户之间的距离。用户观看直播是为了在省钱的同时，有良好的购物体验，所以让用户在购物过程中感到愉快至关重要。

2. 展现商家解决问题的积极态度

用户之所以向主播抱怨,一方面是自己的利益受到了损害,想要宣泄情绪;另一方面是希望自己的问题得到解决。因此,面对用户的抱怨时,主播要展现出积极应对的态度,在用户心中留下一个好印象,从而提高用户的忠诚度。

8.2 消除抱怨的主要步骤

凡事都有解决步骤,消除抱怨也是如此。如果主播循序渐进地与用户进行沟通,用户会更容易接受主播的建议,对商家和主播多一分谅解。本节笔者结合自身经验,向大家分享消除抱怨的主要步骤。

8.2.1 主动承认不足

用户之所以向主播抱怨,很可能是购物过程中遇到了一些问题。也就是说,主播所销售的产品或者提供的服务存在一些不合理的地方。因此,当用户找到主播发泄内心的不满时,心中必然是很不愉快甚至是有些愤怒的。

此时,一旦用户在直播间内发表一些影响直播间秩序的言论,产品的销量势必会受影响。因此,当用户抱怨时,主播首先要做的就是承认不足,让用户的情绪缓和下来。

【案例展示】

用户:你们卖的东西质量都无法保证,还敢在这里直播?

主播:这位先生,不知道您说这话是什么意思,我有什么可以帮到您的吗?

用户:你们店真行,我买一箱火龙果,结果半箱都烂掉了,这就是你们所谓的"新鲜"水果吗?

主播:非常不好意思,这件事是我们没有做好,很抱歉给您造成了困扰。

用户:不是你们的错,难道是我的错吗?

主播:可能是"双十一"期间快递数量太多,运送的时间超过了预期;也可能是发货的同事保鲜工作做得不够好。在此,我再次向您道歉。

用户:道歉就能挽回我的损失吗?我真的不知道道歉还有这种功效呢!

主播:请不要生气,因为您这次购物的主要过失在我方,所以我们将承担全部责任。您可以选择退还购物款，或是要求重新发货。

用户：好吧，你这态度挺好的，倒是我的脾气有些冲了，那麻烦你们重新帮我发货吧！

主播：您太客气了，这是我们应该做的。您放心，这次我们发货时会做好保鲜工作，不会再出现烂果了。

用户：你们主播的素质挺高的，为你的服务态度点赞！下次要买水果，还来你们直播间。

主播：感谢您的信任，我保证再也不会出现类似的问题了。

以上为某主播与用户沟通的部分内容，用户购买的火龙果，收到货时出现了大量烂果，所以便在直播间抱怨。主播看到用户的抱怨后，先是从己方找原因，并将责任都归于己方，然后再提出赔偿的解决办法，积极地为用户解决问题。于是，用户看到了主播的态度之后，不仅慢慢消了怒气，还对主播负责任的态度表达了赞许。

【技巧解析】

1. 优先承认不足

很多时候，用户的回应取决于主播的态度。所以，主播在消除用户抱怨的过程中一定要端正自己的态度，优先承认不足。无论己方有理还是无理，都可以先承认己方的不足，这主要有两个方面的好处：一方面，主播先承认不足，可以稳定用户的情绪，平复用户的怨气，即便问题真的出在卖方，用户在看到主播的态度之后，不愉快也会消除不少；另一方面，优先承认不足也是为了让双方的沟通更好地进行下去。

2. 学会以退为进

仅仅承认不足并不能解决问题，所以在承认不足时，主播应该采取以退为进的策略，在主动承认不足的同时，为自己争取一些时间，寻找解决问题的方案。

当然，承认不足、适当退步，并不是一味地承认己方的过错，承担全部责任，而是适当示弱，表现出自己的不完美。如果主播给自己塑造的形象过于完美，用户便会对你有很高的心理预期，他们很可能会用批判的眼光去验证你的完美，刻意放大你的缺陷。

8.2.2 安抚用户情绪

用户向主播抱怨时，情绪很不稳定，此时，用户的言行举止可能会伤害主播，而主播则可能会因为承受了用户的怒火而难受，所以主播在安抚用户情绪时，也要调整好自己的情绪。

【案例展示】

用户：主播，你再不回复我，我就去投诉你。

主播：您好，不知道有什么可以帮到您的？

用户：我就不需要你帮了，你还是去帮一下你们的发货员吧！我估计他的眼睛都有问题了。

主播：不知道您为什么会这么说呢？是我们的工作人员给您发错货了，还是什么其他的事情没做好？麻烦您说一下哪里出问题了。

用户：我在购物备注里写得清清楚楚，给我发一个粉红色的手机壳。你们倒好，直接给我发了个黑色的。这两种颜色差别这么大都能发错货，你确定你们工作人员的眼睛没有问题吗？

主播：原来是这么回事，实在是不好意思，我们直播间的订单量非常大，可能工作人员没有核对到位，导致出现了问题，非常抱歉，您看我们赔您运费，您申请退换货，怎么样？

用户：好啊，看在你的面子上，这次我就不给差评了。只是下次我的订单你可得帮我盯着点，可不要再出现这种错误了。

主播：您放心，我向您保证，以后我们在发货这一环节肯定会加强监控力度。

以上为某主播与用户沟通的部分内容，用户在直播间内购买了一款粉红色的手机壳，但收到的手机壳却是黑色的。所以用户对于出现发错货这一问题很生气，便怒气冲冲地表示要投诉该主播。面对这种情况，主播采取的策略是利用赔偿来安抚用户的情绪，让用户的情绪缓解下来，从而让沟通变得越来越轻松。

【技巧解析】

1. 做好自我情绪的调整

因为用户向主播抱怨时，用户可能是失望、愤怒的，所以受到情绪影响的用户可能会对主播说出一些不好听的话，这可能会让主播觉得受到了语言上的侮辱。面对这种情况，主播需要尽可能地屏蔽用户传达的负能量。因为如果主播不能调整好自己的情绪，很可能会在与用户针锋相对的过程中，将矛盾激化，把问题放大。

2. 消除用户的负面情绪

为了让沟通气氛变得更加舒适，主播在调节气氛时要将消除用户的负面情绪作为工作的重点。在消除用户负面情绪的过程中，主播需要采取合适的沟通方式。例如，主播可以通过谈论用户感兴趣的话题，适当地转移用户的注意力。这样一来，用户的心情有所好转，负面情绪自然也就得到缓解了。

当然，谈论用户感兴趣的话题并不能彻底消除用户的负面情绪，主播想要从根本上解决问题，还得掌握消除用户负面情绪的方法，如图8-1所示。

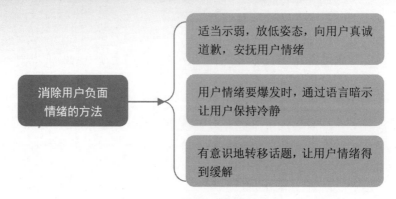

图8-1 消除用户负面情绪的方法

8.2.3 找到问题症结

只有找到问题的症结，主播才能有针对性地解决用户的问题，消除用户的抱怨，让其对购物更加满意。因此，在此过程中找到问题的症结便变成了成功解决问题的前提。

【案例展示】

用户：你们店，我是真服了。我也算是网购经验比较丰富的了，这样的问题还是第一次遇到。

主播：能麻烦说一下您的问题吗？说不定我能给您一些建议，帮您解决当前的困扰哦！

用户：就你们店的这款鞋，我估计你也不能给什么有用的建议，你又不是专业的设计师。

主播：您是在我们直播间购买了一双鞋，对吗？那这双鞋是出现了什么问题呢？

用户：我按照平时穿的尺码，在你们店买了A款马丁靴，结果一试才发现大了一截。你告诉我，这让我怎么穿？

主播：通常来说，马丁靴的尺码是要比运动鞋大一些，按平时的鞋码选马丁靴，买到的靴子很可能是大了的。不过您也不必过分担心，在我们直播间买的鞋子如果尺码不对，都是可以重新发货的。您将鞋子寄给我们，我们再给您发一双小一码的，您看怎么样？

用户：好吧，看在你们处理问题还算人性化的面子上，只要你们重发鞋子，我穿着合适，就不给你们差评了。

主播：实在是太感谢了，我们以后会不断优化服务的，感谢您对我们工作的支持！

以上为某主播与用户沟通的部分内容，一开始，用户虽然有很多抱怨，但是不愿意配合主播直接说出问题，导致沟通时浪费了很多时间。

面对这种情况，主播先是从用户的表达中找到了"鞋子"这个关键词，然后根据个人经验，试探性地提出了一些问题。于是，用户终于在主播的引导下说出了具体的问题，而主播也针对问题提出了解决方案，成功地消除了用户的抱怨。

【技巧解析】

1．倾听，寻找问题症结

有的用户在购物过程中遇到问题时，会觉得不吐不快，从沟通开始便会向主播吐露大量信息。对于这类用户，主播需要通过认真倾听寻找症结。当然，因为这类用户传达的信息较多，其中可能会有大量与购物问题无关的内容，所以主播需要通过分析，判断哪些信息是有用的，再据此寻找出问题的症结。

2．通过引导判断遇到的问题

在沟通的过程中，部分用户可能只顾着抱怨，一直没有说到重点问题，或者说不愿意吐露具体的问题。在这种情况下，主播就需要通过一些引导获得相关的线索。具体来说，主播可以直接通过多次提问逐步明确用户遇到的问题，也可以在对用户的表达内容进行分析的基础上，结合自身经验，判断用户可能遇到的问题，并通过试探性的询问来进行确认。

8.2.4 配合解决问题

找到用户在购物过程中出现的问题之后，接下来主播需要做的就是帮助用户解决问题。在此过程中，主播的态度可能会影响沟通的成败，所以主播一定要积极回应用户，多了解用户的想法，配合用户解决问题，而不能逃避责任，忽视用户的诉求。

【案例展示】

用户：你们坑了用户，还敢开直播卖东西？

主播：这位用户，不知道您何出此言呢？

用户：我前几天在你们店买了两瓶蜂蜜，收到货后两瓶蜂蜜只剩下了一瓶半，而且快递箱上面到处都是蜂蜜。

主播：非常不好意思，可能是发货的工作人员没有仔细检查，导致在运输的过程中出现了问题。我愿意代表小店，全力配合您解决这件事。

用户：哦，那你认为应该怎么解决呢？

主播：这件事的责任全在我们店，我们愿意通过退款，或者是重新发货的方式弥补您的损失。不知道您有什么想法？

用户：嗯，那你们再发一瓶过来吧！

主播：好的，我通知工作人员马上给您重新发一瓶过去，并且赠送一个精致木勺，就当是给您的补偿，也希望您能原谅我们的过失。

用户：好吧，我本来是想发发牢骚之后，直接给差评的。没想到你们的服务态度这么好，我相信这应该是你们的无心之过，那我就原谅你们好了。

主播：为您服务是我的工作职责，我以后会继续为您推荐更好的产品，如果您再遇到其他问题，可以直接找我们的客服姐姐，她也会帮助您的。

以上为某主播与用户沟通的部分内容，用户因为产品在运输的过程中出现了损坏，便想要在直播间中发泄自己的怒气。面对这种情况，主播在了解事情的始末之后，主动承担了责任，并积极配合用户解决了问题。而用户看到主播积极配合解决问题的态度之后，便相信这是店铺的无心之过，并选择了原谅。

【技巧解析】

1. 积极地回应

为了消除用户的抱怨，主播需要让用户觉得你是在积极配合他解决问题。否则，用户便有可能会认为主播的服务态度不好，从而对主播留下一个不好的印象。这样一来，用户就可能不再到主播的直播间下单消费了。

那么，主播要如何体现出对用户的配合呢？其中一种方法就是在沟通过程中积极地回应用户，让用户觉得主播是真正地关心自己遇到的问题，并且愿意为自己解决问题。

2. 了解用户的想法

当用户向主播抱怨时，了解并解决问题是主播必须做的一件事。但是，如果主播仅仅以自己的想法去解决问题，用户不一定会买账。即便用户接受了主播提出的解决方案，也可能对处理结果不满意。

因此，为了增加用户的满意度，主播需要适时倾听用户的意见，了解其想法，然后再结合实际情况，采取相对合适的解决方案。这样一来，用户遇到的问题不仅得到了解决，而且解决的方式也是用户所想要的，用户的满意度自然也会更高。

8.3 消除抱怨的常见技巧

许多事情的解决都是有技巧的，掌握了技巧，不但能提高办事的效率，还能取得相对好的效果。消除用户的抱怨也是如此，主播掌握了技巧，不但可以平息用户的怨气，还能给用户留下一个好印象。

8.3.1 多征询用户的意见

主播在沟通过程中需要尽可能给用户一个良好的购物体验，解决问题时，多征询用户的意见。与主播自行解决问题不同，在沟通过程中征求用户的意见可以让用户的诉求得以表达，而且用户也能因此获得应有的尊重。这无论是对于了解用户的诉求，还是增加用户的满意度来说，都是有所裨益的。

【案例展示】

案例1

用户：主播，你们这手环一点儿也不人性化啊！

主播：哦，不知您买的是哪款手环呢？

用户：就是A款啊！这款手环连屏幕都没有，就连相关的数据都要通过手机App看，这样太不方便了。

主播：是这样的，因为您买的是第一代产品，所以它的相关功能还不是很完善。如果您买第二代产品，就可以在手环上直接查看相关数据了。您看这样好不好，如果您买第二代产品，我给您打个九折。

用户：所以，你的意思是要我再买一个第二代产品？我就问你，我要是直接买一个第二代产品，现在这个怎么办？

主播：您可以两个一起用，或者把第一代产品送给别人啊！

用户：我觉得这完全不能解决我所遇到的问题，我看再沟通也不会有结果，我直接给个差评好了。

案例2

用户：主播可以回复我一下吗？

主播：这位用户，请问您有什么问题吗？

用户：你这主播倒是挺有意思的，要是你们店的产品质量能像你说的一样，那就好了。

主播：我为所销售的产品未能达到您的预期道歉，不知道我们的产品有哪些地方让您不满意呢？

用户：我在你们店买了A款手环，结果发现它是没有屏幕的，就连查看个步数都要看手机，这也太不方便了。

主播：非常不好意思，因为您买的是第一代产品，所以产品本身是没有屏幕的。

如果您要通过屏幕实时查看数据，可以购买第二代产品。就是不知道这件事怎么处理，才能让您更满意一点儿呢？

用户：那我能不能换货呢？

主播：产品收货后 7 日内是可以退换的，不过第二代的价格稍贵一些，需要您补一下差价。

用户：明白了，那我补中间的差价，你们帮我换一个第二代的。

主播：您联系一下我们的客服人员，具体细节您可以跟我们的客服人员沟通。

用户：好，没想到你们这么好说话，就你这服务态度，我不给个好评恐怕都说不过去了。

以上为两位主播与用户沟通的案例，虽然两个案例中用户的抱怨内容都是相同的，但是因为主播的处理方式不同，所以处理的结果也呈现出了明显的差异。

案例 1 中，主播虽然意识到了问题的严重性，并试图帮助用户解决问题，但是因为主播解决问题时不了解用户的意愿，所以用户并不接受主播提出的解决方案。

而案例 2 中的主播则是在得知问题之后，尽可能多地征求了用户的意见，并且还同意了用户所提出的解决方案，所以，在沟通过程中，用户感觉是比较愉快的，在这种情况下，用户自然对问题的处理结果也比较满意。

【技巧解析】

1. 多多征求意见

虽然能够解决问题的方法是多种多样的，但是让用户满意却不是一件容易的事。那么，主播如何才能在解决问题的同时，让用户对处理的结果感到满意呢？其中一种简单、有效的方法就是在沟通的过程中多询问用户的意见，通过沟通找到用户的需求，从而在满足用户需求的基础上制定更适合的解决方案。

2. 询问解决方案

许多用户之所以向主播抱怨，就是希望能解决问题。那么，如何才能使解决方案尽可能地让用户满意呢？其中一种方法就是让用户的意愿得到表达，就解决方案征求用户的意见。

8.3.2 多种方案任选择

主播在帮助用户解决问题时，不妨多提供几个解决方案，让用户自行选择。这样一来，主播也能在用户面前体现出自己的诚意，给用户留下一个负责任的好印象。

【案例展示】

用户：这个主播卖的东西质量很差，你们不要在他的直播间下单了。

主播：这位用户，我们直播间销售的产品质量都是有保障的，请您不要刷屏破坏直播秩序。

用户：我有真凭实据，你卖的产品质量就是很差。

主播：能说一下您遇到了什么问题吗？为什么说我卖的产品质量差？

用户：我明明买的是黑色鞋子，你们却给我发了一双白色的。本想退货，觉得太麻烦了就不退了，但是没想到，我穿了两天就坏了，我找客服也没有回复，你们的服务和产品质量这么差，还好意思让别人下单吗？

主播：不好意思，可能是我们发货的工作人员没看清给您发错货了，我代表小店向您道歉。不过，关于鞋子穿两天就坏了的情况，我们客服人员还需要与您沟通核实，这个事情我们会承担全部责任。

用户：别只是嘴上说说好吗？这个事到底应该怎么解决啊！你是不是应该给我一个说法呢？

主播：您看这样好不好，您申请退换货，我们重新给您发一双鞋子，并赠送一双袜子表达对您的歉意。当然，您也可以直接申请退款。无论您选择哪种方案，小店都会在第一时间帮您处理，您觉得怎么样？

用户：那好吧，你们这款鞋子我还是比较喜欢的，只是它已经坏了，我要你们承诺给我换一双黑色的就好了，至于送不送袜子都无所谓了，不过退货的运费需要你们承担。看在你们售后处理还算人性化的分上，我就不跟你们计较了。

主播：给您一些补偿是应该的，同时也感谢您的支持和理解。

以上为某主播与用户沟通的部分内容，因为商家发错了鞋子，而且鞋子的质量不好，用户找客服沟通无果，所以便在直播间中发泄怒气，希望引起主播的注意。不仅如此，该用户的语言中还带有质问的意味，可见用户此时是很愤怒的。因此，不管主播是道歉还是承认错误，都难以安抚用户的情绪，直到主播为其提供了多种解决方案时，用户的态度才缓和了下来。

【技巧解析】

1. 直面用户的抱怨

用户向主播抱怨时，主播要直面问题，承认己方的不足，并积极为用户寻找解决方案。在此过程中，直面问题既是解决问题的前提，也是增加用户满意度、提高主播直播效率的必要步骤。

2. 提供多种解决方案

解决某一问题的方法可能是多种多样的，主播需要做的就是多给用户一些选择方案，让其选择相对适合的一种解决方案。谁都有趋利避害的心理，用户自然也不例外。如果主播为用户提供了多个选择方案，用户便可以选择更满意的方案。很显然，相对于只有一种解决方案，提供多种解决方案更容易让人接受。

8.3.3 做出必要的保证

由于在购物过程中曾经出现了一些不愉快，所以即便主播为用户提供了解决方案，用户也会因为之前的遭遇对主播的话语抱有怀疑态度，认为主播未必能说到做到。对此，为了取信于用户，也为了更有效地解决问题，主播在与用户沟通时，应该适时做出保证。

【案例展示】

用户：你们店这是在搞什么鬼啊！

主播：这位用户，您好！您是遇到了什么问题吗？

用户：你们怎么发的货？我买的是黑色的外套，白色的T恤，你们给我发的是白色的外套，黑色的T恤。

主播：不好意思，可能是我们发货的工作人员太过粗心，给您发错了货。对于此事，我再次向您真诚地致歉。

用户：那你说怎么解决呢？

主播：您看这样好吗？我们按照您的要求重新给您发货，然后赠送一条皮带作为补偿。

用户：补不补偿的倒是无所谓，但是我还能相信你们不会再犯同样的错误吗？

主播：您放心，我保证再也不会出现同样的问题了。如果还给您发错货，我们将双倍返还您的购物款项。

用户：好吧，我就相信你一次。如果真的能帮我换到满意的货，我可以考虑给好评。

主播：感谢您的支持和理解，我向您保证，我们决不会再让您失望的，祝您购物愉快！

以上为某主播与用户沟通的部分内容，从中不难看出，因为商家发错了货，所以从一开始用户与主播沟通是带有很大怨气的。得知具体情况后，主播承认了错误，并承诺做出补偿。但即便如此，用户对商家是否会犯同样的错误仍抱有怀疑态度，为了让用户放心，主播做出了再犯错双倍返还购物款的保证。看到主播做出的保证，用户的态度出现了明显的转变。

【技巧解析】

1. 给出补偿

虽然用户向主播抱怨，很可能只是要解决问题，而并不一定是要店铺做出补偿，但是如果主播承诺给一些补偿，也没有用户会拒绝。而且当主播承诺做出补偿时，用户的怨气也能得到有效的消除。另外，"拿人家的手短"，如果主播给出补偿，用户也就不好意思再给差评了。

2. 承诺不再犯同样的错误

除了承诺给补偿之外，主播往往还需要保证不会再犯同样的错误。例如，当用户遇到发错货的情况时，主播能对此事做出补偿，用户自然是很乐意的。但是，用户更在意的可能是自己会不会再次遇到发错货的情况。所以，在这种情况下，主播保证不再犯同样的错误，可能会比承诺给用户补偿更重要。

8.3.4 尽可能顺应用户

在观看直播的过程中，用户很可能会将怒气发泄在主播身上。对此，主播需要做的就是尽可能地顺应用户，要相信只要服务态度足够好，用户的怒气总会消除。如果主播与用户对着干，非但不能解决问题，还有可能让事情变得更加不可收拾。

【案例展示】

用户：主播，你觉得你们不该给我一个解释吗？

主播：亲，不知您遇到了什么问题呢？

用户：我真是墙倒了都不"服"，就服你们的产品质量。一双跑步鞋我才穿了不到半个月，关键是还没穿着跑几次步，就有一只鞋子的鞋底出现大面积的脱胶，整个底都要掉了，你说这质量是有多差！

主播：非常抱歉，小店的产品给您带来了困扰。因为这款鞋子的鞋底分为两层，这两层之间是直接用胶水黏合的，所以如果没有黏合好，是比较容易脱胶的。但是，小店的产品都是正品，像您这种情况还是很少的。您也不用过分担心，该款产品还在保修期内，您可以享受免费的维修服务。

用户：也就是说，我之所以会碰到这种事是运气太差喽！我也知道产品可以免费维修，但是什么东西都是原装的好，你这一维修势必会让鞋子出现一些变化。而且送去保修不仅要等待一段时间才能再拿到鞋子，我还得承担运费。这件事又不是我的错，我凭什么要承担责任！

主播：您可以放心，鞋子的维修是非常精细的，即便进行了维修，外观上和您刚收到时还是一样的。关于运费的问题，因为这是产品的质量出现了问题，小店愿意承担运费，就当是给您的一点儿补偿了。

用户：难道产品出了问题商家承担运费不是应该的吗？这也叫给我补偿吗？

主播：您说得有道理，但是，大部分商家在这种情况下是不会承担运费的。为了体现诚意，小店将赠送您一双袜子，也希望您可以看在小店这么有诚意的分上，不要给小店差评。

用户：说实话，鞋子出现这样的质量问题我是很不高兴的，甚至也想过去投诉。但是，细想起来，主要问题也不在你们店铺。而且你的服务态度也挺不错的。你放心吧，我也不是不讲道理的人，只要你承诺的都做到了，我不会给差评的。

以上为某主播与用户沟通的部分内容，因为购买的产品使用一段时间之后，出现了比较严重的问题，所以，当时用户心中是有些抱怨，甚至是愤怒的。面对这样的情况，主播选择的沟通策略是尽可能地顺应用户。具体来说，在整个过程中，用户说话都是比较冲的，而主播则尽可能地容忍，并耐心地对相关问题进行积极的回复。

另外，对于用户提出的一些相对合理的要求，主播也都答应了。因此，沟通之后，用户的态度出现了一些变化，甚至觉得主播的"服务态度挺不错的"，并表示只要主播承诺的事情做到了，便不会给差评。

【技巧解析】

1. 忍受用户的小情绪

当购物过程中出现问题时，部分脾气不太好的用户可能会有一些小情绪，如埋怨、愤怒等。在这些小情绪的影响下，用户可能会说出一些不太好听的话。面对这种情况，主播需要多一分耐心，忍受用户的情绪，不能与用户争论，否则很可能会与用户产生矛盾。

2. 答应用户的合理要求

用户在购物过程中遇到了问题，可能会向主播提出一些要求。对此，主播需要明白的是，沟通的主要目的是消除用户的抱怨，要做到这一点，付出一些代价是很有必要的。因此，如果用户的要求还算合理，那么主播只需顺应用户，答应其要求即可。

第 9 章

用户留存：
获取更多的回头客

学前提示

　　直播间人气是衡量直播热度的一个指标，而直播间内的观看人数，则是影响直播间人气的关键要素之一。因此，在直播的过程中，主播要将提高用户的留存率作为一个重点。

　　对此，主播在与用户沟通的过程中需要着重做好两方面的工作，一是营造极致的购物体验，二是运用沟通策略将用户留下来。

要点展示

- 好的购物体验的打造方法
- 保持用户留存率的技巧

9.1 好的购物体验的打造方法

用户完成购物之后,是否愿意再次观看你的直播并购买产品,在一定程度上取决于用户在购物过程中的体验。如果主播能够为用户营造极致的购物体验,那么用户在下次有购物需求时会再来直播间消费。

9.1.1 优化服务留下好印象

"第一印象"指的就是人与人交往时对他人最开始的印象,这种印象是鲜明的、稳固的,而且在很大程度上决定着双方往后的交往。如果用户对主播或者直播间内产品的第一印象很好,那么用户就有可能成为主播的粉丝,持续在主播的直播间下单。因此,主播优化自身的服务,给用户留下好印象就显得尤为重要。

【案例展示】

用户:主播,可以讲解一下你们直播间的 A 款休闲鞋吗?

主播:好的,这款休闲鞋是我们今晚直播主推的新品。我们穿休闲鞋时,经常遇到鞋子不轻便、不透气的情况,但是这款休闲鞋却很好地规避了不轻便、不透气的缺点,我们可以拉近镜头,看一下这款鞋子的材质……

主播:这款鞋子有多种颜色可以选择,价格也非常便宜,现在我穿上展示给你们看一下。

用户:看起来穿着还是比较轻便的,外观设计也非常独特,那这双鞋子的价格是多少呢?

主播:今晚我给大家争取了很大的优惠,只需要 298 元,你们就可以把它买回家。哇!现在已经卖出 500 双了,你们还在等什么,赶快抢购吧!

用户:销量这么火爆吗?看着还是挺不错的,那我就买一双试试吧!

主播:好的,这是我们的爆款之一,相信一定不会让您失望的。

(几天后,主播正在直播。)

用户:我前几天在你们直播间购买的休闲鞋,真是太值了。不仅鞋子没发现一点儿细节上的问题,还赠送了一双袜子。

主播:哈哈,感谢您的夸赞,我们赠送的礼物是随机的,每位在我们直播间内购买产品的用户,都有一份礼物哦!

用户:这次购物我太满意了,你们店真心靠谱,下一次我还来你们这买东西。

主播:感谢您对我们工作的支持,祝您购物愉快!

以上为某主播与用户沟通的部分内容,用户因为对 A 款休闲鞋很感兴趣,所以便让主播讲解该产品。用户购买了产品后,不仅收到了产品,还收到了商家赠送的礼物,这让用户有了一次愉快的购物体验。

【技巧解析】

1. 多着眼于细节

无论做什么事,细节都是不可忽视的。在与用户沟通的过程中,主播如果能够把握用户表现出的一些细节,并针对性地提供服务,用户就会觉得你很靠谱。在本小节的案例中,主播的服务之所以可以获得用户的好评,很大程度上就是源自对细节的把握。正是因为对用户细节的把握,主播推荐产品时,才戳中了用户的痛点。

除了把握产品细节和用户表现出来的细节,主播还要注重语言和神态上的细节。在直播的过程中,主播一定要控制好语速,让用户能够清楚地了解自己传达的信息。同时,主播还要注意声调高低的控制和变化。如果主播所要传达的信息很重要,那么语速要慢一些,声调要高一些。

2. 做好第一笔交易

在处理用户的第一笔交易时,主播一定要用心。因为一旦主播与用户的第一笔交易建立了好印象,用户可能就会再来直播间下单。为了做好第一笔交易,主播可以多花一些小心思来增加用户的获得感。例如,可以效仿本小节案例中的做法,通过赠送产品增加购物的附加值。

3. 提供个性化服务

用户除了对要购买的产品有要求,对主播的服务也会有一定的要求,他们更希望自己被区别对待,得到与别人不一样的购物体验。如果主播想要通过服务给用户留下好印象,还需要根据用户的特质提供个性化的服务。不过,在给用户提供个性化服务之前,主播需要先了解提供个性化服务要经历的过程,如图 9-1 所示。

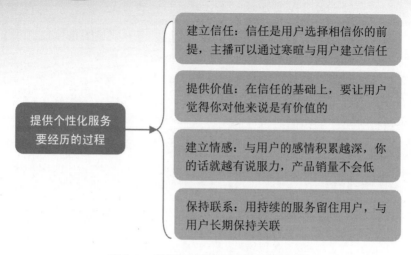

图 9-1 提供个性化服务要经历的过程

9.1.2 提供丰富多样的产品

购物直播间之所以能够吸引大量用户围观，除了产品价格具有优势，还有一点很关键，那就是主播为广大用户提供了更多的产品选择。每个人都希望在面对同一问题时能有更多的选择，因为这样能选到更适合自己的方案。如果主播能够提供丰富多样的产品，用户会更愿意留在直播间内，成为主播的忠实粉丝。

【案例展示】

用户：哇！你们家鞋子的样式好多，我都不知道该怎么选了。

主播：您好，我们直播间是专卖女鞋的，致力于为大家提供丰富多样的选择。其中，鞋子的种类有板鞋、跑步鞋、篮球鞋、靴子和凉鞋等，而且鞋的总款式超过500种，完全能够满足您的各种需求。

用户：你们店的产品还真是丰富多样啊！我想买一双黑色的跑步鞋，重量要轻一点儿，透气性要好一点儿的，价格控制在400元以内就可以了。

主播：我觉得A、B两款跑步鞋您可以看一下，A款跑步鞋是我们直播间好评率最高的一款产品，它不仅符合您的所有要求，而且还是国际品牌旗下的产品，无论是外观，还是做工，都是上上之选。另外，它的价格是399元，正好控制在了400元以内。而B款则是一款高性价比的跑步鞋，虽然它不是什么大品牌，但用户都说质量很好，而且仅售199元，这款鞋子也是小店销得最好的跑步鞋。

(几分钟后)

用户：嗯，我觉得B款跑步鞋挺不错的，就买它好了。

主播：好的，感谢您对我的支持。如果觉得产品还不错的话，您可以关注我，我们每天晚上八点直播哦！

用户：放心吧，以后有需要的话，我还会再来的，毕竟你们这里选择更多啊！

以上为某主播与用户沟通的部分内容，用户因为该直播间中鞋的款式非常多，可选择的空间也就更大，所以不仅快速完成了下单，还表现出会再次光临的强烈意愿。

【技巧解析】

1. 提供多样的产品

直播间中产品的数量从一定程度上说明了主播直播团队规模的大小，对于用户来说，规模更大的直播间自然是更值得信赖，这就好比选择购物地点时，更多的人会选择大型超市，而不是小的便利店。当然，一些主播虽然并不能决定直播间的产品数量，却能为用户提供丰富的选择，起到推动作用。

2. 推荐时给出选择

除了店铺提供产品的多样性，主播在为用户推荐时要给出选择，而不是一味地推荐某一种产品。因为在有选择的情况下，用户更容易接受主播的推荐。不过，在给出选择时，主播还需要控制选项的数量。一般来说，给出两三个选择即可。如果选择太多的话，用户则很难在几分钟内做出决定。

9.1.3　了解需求及时做出调整

随着时代的发展，用户对于产品和服务的需求可能会出现一些变化。在"昨天"看来还是潮流的元素，可能"今天"就过时了。过时的东西即便低价出售，用户也不一定会接受，就更不用说用过时的产品和服务留住用户了。

因此，主播在日常工作中需要了解用户对产品和服务的需求，并据此及时地进行调整，从而更好地满足用户的需求。

【案例展示】

主播：刘先生，您好！我是×××店的主播，上一次您在我们直播间购买过产品，您还有印象吗？

用户：哦，是你啊！你有什么事吗？

主播：是这样的，现在我们直播间想做一个用户调查，因为您是我们直播间的铁粉，所以想向您了解一下情况，不知道您现在方便不？

用户：哈哈，我也就是买过几次东西而已，你说得我都有些不好意思了。反正我现在也闲着，你有什么问题就问吧！

主播：感谢您对我工作上的支持和理解，您觉得我们直播间的产品和售后服务，有没有什么需要改进的地方呢？

用户：你们的产品种类还是比较多的，就是衣服的款式都太正规了一点儿，看上去不够潮，就连现在流行的磨破牛仔服也基本上看不到踪影。服务的话，就是快递包装做得还不够美观……

（一个星期后）

主播：刘先生，您好！我是一个星期前联系过您的×××店的主播小梁，您还记得我吗？

用户：嗯，是上次做用户调查的那个吧！这次找我有什么事呢？

主播：是这样的，上次不是在您这里做了一个调查嘛，调查完成之后，我们参考了您的意见，对产品和服务做出了一些调整。现在我们在包装产品时都力求美观，还新进了一大批磨破牛仔服。这次打电话就是特意告诉您这个消息的，您今晚七点可以来我们直播间看看有没有喜欢的款式。

主播：我上次也就是随便说说，没想到你们还真的做出了调整，你们这听取用户意见的态度真不错！我正想买一件牛仔服，既然你们来了新货，那我就去看看吧！

主播：感谢您的支持，也希望您可以多给我们提一些意见，我们一定会郑重考虑的。好了，不打扰您了，再见！

以上为某主播与用户沟通的部分内容，主播通过电话问询的方式，对用户进行了调查，而用户则将自己的想法都说了出来。一个星期之后，主播再次与用户取得了联系，并告知已经参照用户的意见做出了一些调整。因此，用户觉得店铺懂得倾听用户的意见，再加上自身有购物的需求，便决定再去店铺看看。

【技巧解析】

1. 调查了解需求

要想将用户留住，就要了解并满足用户的需求。主播在日常工作中，一定要通过各种方法调查并了解用户的需求。例如，可以效仿本例中的方法，通过打电话问询的方式倾听用户的意见，也可以采取在线沟通、问卷调查、回访等方式了解用户的需求。

每个用户都是一个独特的个体，即便是购买同一类东西，不同用户也可能会有不同的要求。如果主播能够满足用户的需求，得到用户的信任，用户也会更容易接受主播推荐的产品。

2. 及时做出调整

主播不仅要知道用户需要的是什么，还要尽可能地满足用户的需求。因此，在此过程中及时根据用户的需求做出调整才是关键。

另外，用户可能把调查不太当一回事，但是主播却应该让用户看到店铺对调查的重视。对此，主播可以在根据用户的建议完成调整之后，及时告知用户。这样一来，用户就会因为被重视而更加愿意留在你的直播间。

9.1.4 掌握热场技巧避免冷场

为什么一场直播下来，只有主播一个人在说，用户都没有反应，观看直播的人还越来越少？直播间留不住人，好不容易有上百个用户进入直播间，却留不住，怎么办呢？相信很多主播在做直播时，都遇到过类似的直播间冷场问题。直播间冷场就没有热度了，而没有热度的直播间，销量就很难得到保障。

【案例展示】

主播：来啦来啦，你们的魔鬼×××，又来啦！

主播：大家准备好了吗？来！3——2——1，我们上链接！

主播：这款产品我们讲完了，大家还有什么想问的吗？

主播：接下来给大家推荐一款特别好吃的零食。今天发生了一件很有趣的事情，在检查产品的时候，发现有一包零食居然被工作人员吃了一半，可能是这款零食太好吃了，他们也忍不住了……

以上为某主播直播时热场的部分内容，这位主播更多的是通过提问的形式，来引导用户发表自己的想法。同时，主播还通过"自说自话"的方式给用户讲故事，勾起用户的兴趣和好奇心，所以用户在直播间发弹幕时，场子就"热"了。

【技巧解析】

1. 学会自说自话

有时候，直播间的人不多，而且其中大多数人又不太愿意与主播互动，此时，主播可以通过"自说自话"的方式来活跃直播间的氛围，达到热场的目的。当然，主播要想通过"自说自话"勾起观众的兴趣和好奇心，还得找到合适的切入点。图 9-2 所示为主播"自说自话"的切入点。

2. 塑造记忆点

塑造记忆点，可以让用户看到某物品或者听到某种信息时，就快速想起你。那么，要如何给自己塑造记忆点呢？主播可以打造一个富有个人特色的人设，或者在直播中用口头禅加深用户的印象。当主播有记忆点时，很多用户就会主动涌入直播间，并与主播进行互动。这样一来，就可以很好地避免直播冷场了。

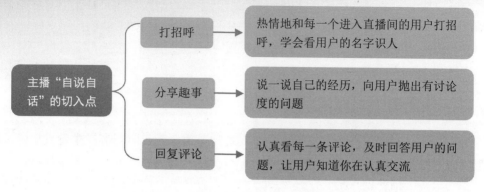

图 9-2 主播"自说自话"的切入点

9.1.5 积极互动留住用户

直播开始时,主播要提前做好预热工作,把直播间的氛围活跃起来,从而留住观看直播的用户。这时主播可以先主动跟用户互动,拉近与用户之间的距离,再向用户推荐产品。

【案例展示】

主播:这款产品你们用过吗?

主播:想要A款的扣1,想要B款的扣2!

主播:想要购买的宝宝赶紧评论"想要"!

主播:我们有限量秒杀的福利活动,但是这个活动仅限关注主播和加粉丝团的用户参与,还没有点关注的可以点个关注,加入我们的粉丝团,领取优惠券哦!

以上是某主播直播时与用户互动的部分内容,主播就是通过提问式互动、选择题互动、刷屏式互动和福利诱惑互动等方法,来引导用户进行有效的互动。当主播没有人气或没有庞大的粉丝群体时,可以利用这几个方法来组织话语,引导用户点赞、评论和关注。

【技巧解析】

1. 利用平台功能互动

一般来说,直播平台会有一些协助进行直播互动的功能,主播可以合理利用这些功能,与用户进行互动。图9-3所示为部分直播平台的互动功能。

图 9-3　部分直播平台的互动功能

当然，主播在直播间内还可以利用音乐来烘托氛围，调动直播间的气氛，为直播间热场。例如，主播介绍产品之后，可以高歌一曲，活跃一下气氛。此外，主播还可以在直播间内发红包、送福利，引导用户互动。

主播在直播中设置发红包或者送福利的环节，既能留人，又能在短时间内提升粉丝量和互动量。随着互动的增加，直播间热度起来之后，就会有更多用户进入直播间，留在直播间内观看直播。

2．掌握互动表达的技巧

引导用户互动是需要技巧的，下面笔者分享 3 个常用的互动表达技巧，以供大家参考。

（1）点名型表达。当有用户进入直播间时，主播可以念出用户的名字，向用户表示欢迎，或者问候用户的近况。如："欢迎这位名字叫×××的朋友进入我的直播间，喜欢我的话，屏幕上方点个关注哦！"

（2）诱导型表达。主播在直播前，可以总结直播的内容，告诉用户观看直播能获得什么福利、学习到什么。例如，主播可以对用户说："今天我给大家分享几个护肤技巧，来跟我学护肤，让自己的皮肤变得光滑水嫩吧！"

（3）痛点型表达。主播对产品面向的用户进行详细分析，了解其痛点后，便可以利用直击用户痛点的话术讲述观看直播的好处。例如，主播可以对用户说："觉得自己有些微胖的宝宝看过来，今天我将给你们推荐一款显瘦又漂亮的连衣裙哦！"

9.2 保持用户留存率的技巧

用户的留存其实就是把用户留在直播间内,观看自己的直播,并让用户成为自己的忠实粉丝。要做到这一点,除了主播自身具有吸引用户的点之外,更关键的是要让用户看到产品和服务的优势。如果主播在直播的过程中能够运用一些策略,让用户感受到自己的魅力,看到产品的优势,那么用户在有购物需求时,就会将自己的直播间作为购物的首选。

9.2.1 提供等级化的服务

主播可以通过提供等级化的服务,让等级越高的用户享受更多的权益,从而吸引用户持续在直播间购物。在直播时,主播要做的便是通过适度渲染提高用户的购买欲望,让用户把购物和等级的提升有机结合起来。

【案例展示】

用户:嗯,你推荐的这款产品挺不错的,我就拍一单吧!

主播:感谢您的支持,您购买的这件产品价格为450元,如果一次性购满500元,便可以加入我们的会员社群哦!您看要不要再买点东西凑一下单?

用户:那加入社群有什么福利呢?

主播:加入我们的会员社群后,您在社群内可以用一定的折扣购买产品,提前知道我们下次直播销售什么产品,还有机会领到无门槛代金券。而且随着会员等级的提升,还可以获得更多的福利哦!

用户:那挺不错的啊,我就再买一些东西凑足500元吧!

以上为某主播与用户沟通的案例,主播不仅通过向用户透露会员社群的相关信息激起了用户的好奇心,还利用等级化的服务提高了用户的购物欲望。

【技巧解析】

1. 会员购物给折扣

会员购物给折扣是网店吸引用户持续购物的常用方法之一,越来越多的网店开始采用会员制,并会给会员一定的折扣,从而增加用户的黏性。虽然主播没有制定会员制的权利,但是如果店铺中有会员制,那么主播便可以在沟通过程中借助该机制,向用户抛出一个诱饵,促使用户多购买一些产品。

2. 等级越高福利越多

店铺可以在会员制的基础上，建立等级制，等级越高，福利越多，这样一来关注店铺的用户自然就会变多。而主播在直播的过程中，则需要扮演好会员制宣传员的角色，适时告知用户会员是有等级的，并且等级越高福利越多等信息，从而让用户在优惠的诱惑之下，持续在直播间下单。

9.2.2 制定积分奖励机制

奖励机制的优势就在于，可以让用户因为趋利而更加关注某一内容。奖励机制的形式多种多样，其中较为常见的一种是积分奖励。如果主播能够给用户提供一些积分奖励，那么用户自然会更愿意停留在直播间中。

积分奖励机制制定之后，主播需要做的就是借助沟通，告知、提醒用户积分奖励机制的相关信息，让用户在了解该机制的同时，增加用户在直播间的停留时间。

【案例展示】

主播：各位宝宝，关注我，成为我们的会员，每购买一件产品，都会得到相应的积分，这些积分还可以用来兑换产品哦！当然了，你们以后有积分了，要记得及时兑换，每半年积分就会清零一次。

用户：你不说我差点给忘了，我前一段时间看了一下积分，觉得这个积分有点尴尬。如果兑换 A 产品，会有很多积分剩下，但是兑换 B 产品又少了 100 多积分。

用户：现在小店的充电宝、充电器、耳机等产品正在进行双倍积分活动，您只要购买几十元的产品便可以获得用于兑换 B 产品的积分了。

主播：现在我正好没有充电宝，那就在你们这里买一个吧！

以上为某主播与用户沟通的部分内容，主播就是借助积分奖励机制，引导众多用户成为自己的粉丝。不仅如此，主播还利用积分奖励机制，刺激用户再次进行了消费。

【技巧解析】

1. 告知积分兑换机制

对于积分奖励机制，不同的人扮演的是不同的角色。店主等对店铺有决定权的人扮演的是机制制定者的身份；主播扮演的是机制讲解、告知者的身份；而用户扮演的则是机制享受者的身份。当然，用户要享受机制，首先得知道有这个机制存在，所以，在直播过程中，主播要及时地告知用户有关积分兑换机制的信息。

2. 提醒用户使用积分

除了积分兑换机制本身对用户的吸引力之外，主播还可以通过其他的方式，借助该机制，刺激用户的购买欲。例如，当用户积分比较多或积分长时间没有变化时，便可以通过提醒用户使用积分的方式，增强用户与店铺的黏性。

当然，如果要通过提醒用户及时使用积分来增加用户的购物欲望，还需要做一些沟通前的准备工作，了解用户的积分可以兑换的物品。这样，当用户陷入积分兑换的两难境地时，主播只需进行适当引导，便能让用户主动下单。

9.2.3 不定期地推送福利

店铺可以通过不定期地举办一些活动，让用户获得更多的福利，以此增强用户的黏性。在此过程中，主播要做的就是扮演好活动宣传员的角色，及时将直播间的活动传递出去，在沟通的过程中适时告知用户，并引导其参与其中。

【案例展示】

用户：我想买一本适合像我这种菜鸟看的摄影书，你能帮我推荐一下吗？

主播：好的，乐意为您效劳。您看这本《大片这么拍！手机摄影高手新玩法》怎么样？这是一本专门为摄影新手定制的摄影书，书中的内容浅显易懂，即便没有摄影基础的人也能一看就懂。当然，这也是一本有深度的摄影书，同一个景点为您提供了N种拍法，掌握了技巧之后，您用手机也能拍出单反的效果。

用户：嗯，挺不错的，那这本书多少钱呢？

主播：这本书原价是49.8元，现在打九五折，折后价为47.3元。另外，因为现在正在做图书超级品类日活动，您还可以在折后价的基础上再享受满100元减50元的福利哦！

用户：嗯，你们这个活动倒是挺给力的，那我就再买几本书凑足100元，这样比较划得来一点儿。

主播：看来您还真是一位比较有经济头脑的人呢！感谢您对小店的支持。提前告诉您一个消息，两个星期之后就是"双十一"，到时候小店还会推出一些活动，部分书籍的折扣低至5折哦！

用户：那挺不错的，我这人比较喜欢看书，我到时候再过来看看，趁着有优惠再买些小说，你们店活动还蛮多的啊！

主播：小店一直致力于让用户在购物时享受到最大限度的优惠，所以会不定期地推出各种活动，也希望您可以经常光顾小店哦！

用户：既然你们给了便宜我又岂有不占的道理，你放心，只要你们活动多，产品足够优惠，我要买书一定会先到你们店看看的。

以上为某主播与用户沟通的部分内容，主播利用店铺中的活动，很好地调动了用户的购买欲。具体来说，主播先是向用户推荐了一本摄影书，然后再告知用户有满减活动，目的是让用户多买几件产品。此外，主播还提前透露了"双十一"的活动，表示店铺中会不定期推出各种活动，用户在主播的引导下，当即表示会经常到店铺中看看。

【技巧解析】

1. 多给用户福利

主播在直播的过程中，一定要把握好用户"爱占便宜"的心理，多给用户一些福利。对此，店铺可以多策划一些促销活动，适时送出一些福利。而主播则可以在宣传活动的同时，适度在价格上做出一些让步，或者给出一些赠品，让用户觉得购物更划得来，从而增加用户的回头率。

2. 及时推送信息

有时即便直播间通过举行活动给用户提供了一些福利，也没有起到很大的促销作用，这可能不是福利的力度不够大，而是宣传没有到位。因此，及时推送消息，让用户了解活动详情是关键。在此过程中，主播一定要及时向用户推送活动信息，这能对吸引用户购物起到很好的预热作用。

9.2.4 利用品牌增强黏性

用户在购物过程中重点关注的因素主要有两个，一个是产品的价格，另一个是产品的质量。而在大多数用户看来，大品牌的产品质量通常要更可靠一些。因此，主播要利用好品牌效应，让用户对直播间内的产品多一分信心，从而坚定购物的决心，让用户把直播间当成一个可以信赖的购物场所。

【案例展示】

用户：主播，能推荐一款白色的板鞋吗？外观简约一点儿，质量不太差的就可以了。

主播：我给您推荐一款××品牌的小白鞋吧！××品牌作为一个知名的运动品品牌，一直致力于给用户提供高质量的产品，所以在质量这一块您是可以放心的。这款鞋子的设计简约却又不失潮流，深受年轻人的喜爱。

用户：嗯，这个鞋倒是挺不错的。但是，这种500多元一双的鞋，我有些担心会买到假货。

主播：这一点您可以放心，我们店是××品牌的授权专营店，而且我们店的评分也达到了 9.8 分，这也是产品质量的一种印证。就拿您这款板鞋来说吧，小店共售出超过 1 万件，好评率达到了 98%，所以产品的质量您绝对可以放心。

用户：这样看来，这款鞋子确实是挺不错的，我就拍一单吧！

主播：感谢您对我们的支持，我们店作为××品牌的专营店，该品牌的大多数产品均有售，如果觉得产品还不错，希望您以后可以经常光顾哦！

用户：我认为买东西买的就是安心，只要你们店的产品质量过硬，我以后一定会再来的。

以上为某主播与用户沟通的部分内容，用户从一开始就表示了对产品质量的担忧。面对这种情况，主播先是通过向用户说明品牌的实力，增强了用户对于品牌的信任度。然后，从店铺评分和产品评分的角度，让用户看到了店铺产品质量是有保障的，从而取得了用户的信任。

【技巧解析】

1. 增强品牌说服力

主播在与用户沟通的过程中，需要通过自身的表达，增强品牌的说服力，坚定用户对品牌的信心。具体来说，主播可以多介绍品牌的发展历程，以及品牌成长过程中所发生的一些趣事，让用户觉得你对品牌非常了解，从而增强品牌的说服力。

2. 塑造店铺的形象

各直播间销售产品的质量良莠不齐，一些直播间的产品质量不过关，甚至有一些店铺在公然销售假冒伪劣产品。因此，即便店铺中出售的是大品牌的产品，用户对于产品的质量仍会心存疑虑。

面对这种情况，主播在利用品牌效应的同时，还需要让用户看到店铺自身的情况。对此，主播需要通过展示积分、评价等方式，在沟通过程中塑造一个产品质量过硬的店铺形象。

9.2.5 巧用回访增加联系

对于主播来说，沟通就是最好的武器。沟通适用于用户购物的各个阶段，主播既可以在直播过程中与用户互动沟通，也可以在用户完成购物之后，通过回访联系用户。现实生活中，用户完成购物之后，很多店铺便不会主动联系用户，这样一来，就有可能流失一部分忠诚度较高的用户。

【案例展示】

主播：喂，请问您是陶先生吗？

用户：是的，请问你是哪位？

主播：陶先生您好！我是×××旗舰店的主播，这次冒昧打扰您，就是想做一次回访。

用户：我也就在你们店买了几次东西，为什么要选我啊？我这人特别怕麻烦，回访这种事我看就没有必要了吧！

主播：您也说了，您都是小店的常客了，所以对于小店的产品和服务，您是很有发言权的，这也是小店选择对您进行回访的重要原因。而且这次回访也就两三分钟，还希望您能配合一下。因为您是小店的重要用户，所以您的意见，小店都会重点考虑的。还希望您能知无不言，多多配合啊！

用户：哦，那好吧！

主播：感谢您的支持和理解，为了感谢您对回访的配合，我们会赠送您一张优惠券。今后您在小店购物可享受九折优惠，也希望您以后多多光顾小店。

用户：哦，还有这样的好事啊！你们店做事还真是人性化啊！

以上为某主播与用户沟通的部分内容，一开始用户对于回访很显然是抵触的，这一点很容易理解，毕竟回访会占用用户一些时间。对于这种情况，主播采取的是提前告知用户回访只需要两三分钟的时间，然后传达了店铺对用户的重视，从而减弱了用户的抵触情绪。

【技巧解析】

1. 注意自身的表达

主播需要特别注意自身的表达，让用户在了解来意的同时，主动配合自己完成回访。例如，当主播说明来意之后，用户可能会表现出不愿意配合的态度。此时，主播便可以提前告知用户仅仅需要占用几分钟的时间，并不会给用户带来太大的麻烦。

2. 显示对用户的重视

主播在回访的过程中还需对用户进行引导，让其将你的直播间作为购物的首选。对此，主播可以在沟通的过程中适时强调店铺对用户的重视，这不仅能使回访更具说服力，还能提高用户的配合度。

9.2.6 及时告知优惠活动

优惠活动是具有时效性的，在优惠活动开始的前几天，主播可以先通知用户优惠活动的内容，在用户有疑问时做好答疑工作，为优惠活动预热。同时，主播在通知用户的过程中，可以跟用户说明活动的时间以及参加活动的人数等信息，给用户营造紧张感。

【案例展示】

主播：今晚的直播到这里就要结束了，下播前，我要向大家宣布一个消息，咱们店铺的周年庆要到了，为回馈新老用户，店铺 3 天后会做一次专场的直播促销活动，大家到时候记得来观看我的直播哦！

用户：是吗？促销力度大吗？

主播：具体的活动内容可以到咱们店铺主页看一下，大家有任何问题都可以私聊客服。对了，一些活动产品的数量有限，所以如果大家看到喜欢的产品，一定要加入购物车随时准备下单哦！

用户：谢谢你提醒，我先看看你们的活动怎么样，正好我也需要买一些东西。

以上为某主播与用户沟通的部分内容，主播在活动开始前就把优惠活动告知用户，并通过"产品的数量有限"给用户营造了紧张感，达到了预热优惠活动的目的。

【技巧解析】

1. 注意活动的时效性

直播间活动的影响力在不同时间段有较大的差异，所以主播在活动开始前就需要把活动内容通知给每一位用户。一方面，提前通知用户，可以让用户先做好购物的心理准备，有足够的时间思考需要购买什么；另一方面，如果主播在活动进入尾声时才把具体的活动内容告知用户，会让用户觉得活动形式太过随便。

2. 注意营造出紧张感

在告知用户具体活动内容时，主播可以通过适度渲染，营造出紧张感，让用户对活动有所重视。例如，优惠活动的时间、参加活动的名额和产品库存有限等信息，都可以向用户提前透露。

9.2.7 创建社群积极互动

越来越多的主播为增强市场竞争力，开始打造属于自己的私域流量池，把社群当成提高店铺复购率的重要手段。对于很多主播来说，创建用户群，并将用户引导至社群中是一项重要的工作内容。

【案例展示】

用户：我觉得你推荐的这条裙子还可以，就是感觉有点儿贵。

主播：亲，咱们店铺的衣服都是大品牌，布料也是很耐用的，您买一件可以穿好几年，这个价格已经很实惠了。如果您觉得实在是贵，可以进咱们的粉丝社群，加入社群后再下单，还可以获得返现哦！

用户：这么好？你怎么不早说呢？

主播：只是我们的社群都是需要消费满 500 元以上才能进的，您刚好也符合这个要求，我待会儿拉您进群，可以吗？

用户：可以啊，这样下单也方便。

以上为某主播与用户沟通的部分内容，主播在了解了用户的心理之后，通过满足用户的优惠需求，慢慢获得了用户的信任，并告知用户加入社群购物有返现，成功地引导用户加入了粉丝社群。

【技巧解析】

1. 抓住痛点引导入群

对于主播来说，引导用户入群并不容易。毕竟主播在用户眼中可能也只是一个陌生人，用户虽然在店铺内购买过产品，但是与主播并不一定建立了信任的关系，所以用户对主播所说的话是半信半疑的。

对此，主播可以先与用户进行简单的沟通，找到用户的痛点，再组织好引导用户入群的语言。例如，对于有逐利心理的用户，主播可以利用入群有优惠、红包以及返现来引导用户进入社群。

2. 促活社群

不管社群内有多少粉丝，如果社群活跃不起来，也将很难达到创收的目的。所以，主播要对社群进行管理，让其保持热度。例如，主播可以在群里发起有争议性的话题，跟粉丝聊起来，或者在某个时候做促销活动，引导粉丝下单，又或者在粉丝闲暇时，定时在群内分享一些内容吸引粉丝的注意力。

社群的促活并不是一件容易的事，主播可以利用福利刺激粉丝，持续地激发粉丝的交流热情；也可以在社群中发放一些优惠券，提醒用户观看自己的直播；或者在社群中发起抽奖免单的活动，每隔几分钟便提醒粉丝进行抽奖。这样不仅可以给自己的直播间带来人气，还有利于增强粉丝的黏性。

此外，主播还可以在社群中发起话题，引起粉丝的讨论，利用话题的引导来激发用户的表达意愿。例如，销售美妆产品的主播可以在社群中发起"买护肤品时你都踩过哪些雷""说说你喜欢的美妆品牌"等话题来提升社群的活跃度。不过，主播发起的话题需要具备 3 个要点，如图 9-4 所示。

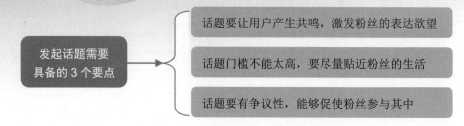

图 9-4 发起话题需要具备的 3 个要点

3. 多举办线下活动

由于社群内的粉丝相互之间并不认识,所以难免会交流不起来。此时,主播举办一些线下交流的活动,可以让粉丝们认识彼此,进行情感交流。但是,主播在组织线下活动时,需要讲究一些技巧,如图 9-5 所示。

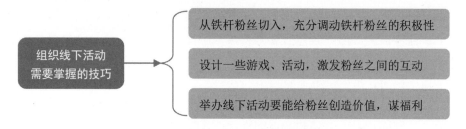

图 9-5 组织线下活动需要掌握的技巧

第 10 章

好评获取：
树立口碑提高销量

学前提示

　　主播在直播带货的过程中，可能会遇到一些给差评的用户。差评会对自己的带货口碑产生不利影响。因此，获取好评、让差评变好评是主播工作的重点内容。

　　那么，主播应该如何获取好评、处理差评呢？本章笔者就对这些问题进行系统的讲解。

要点展示

- 轻松获得无数好评的技巧
- 差评也能变好评的技巧

10.1 轻松获得无数好评的技巧

用户对于购物的评价,既包括对产品的评价,也包括对主播以及商家的评价。因此,许多主播都将提高产品的好评率作为工作的一个重点。本节笔者将为大家讲解 6 种获得无数好评的方法,助力各位主播打造产品的口碑,提高产品的销售额。

10.1.1 找准目标用户群

网购时,作为买方的用户通常占据主动地位,购物的评价也是由用户给出的。因此,主播如果要获得如潮的好评,提升产品的成交率,就需要找准目标用户群,知道哪些人需要产品,哪些人比较可能给好评。

【案例展示】

用户:我看你们直播间这款包包的款式还不错,就是从面料来看,感觉不值这个价,而且我朋友买了一个差不多的,价格比你们的便宜得多。

主播:这款包包是小店销量比较靠前的产品,买过的用户普遍反映物有所值哦!

用户:其实,我也是看朋友们都有类似款,才准备买一个的。你看这样好不好,你打个九折,我就勉强买一个。

主播:这款包包的价格已经是优惠价了。我们的包包都是用上等的材料做的,价格上已经很划算了。

用户:不便宜点儿估计你们也卖不出去吧!

主播:非常不好意思,我也没有私自降价的权限。

用户:那算了,我不买了。

以上为某主播与用户沟通的部分内容,这个案例中的用户比较挑剔,这类用户在价格上喜欢得寸进尺,而且购买产品后,给好评的概率也比较低。

从用户的语言表达上来看,该用户的购买欲并不高,所以即便主播满足该用户的所有需求,用户仍有可能不会下单购买产品,或者不会轻易给好评。从销售情况来看,这款包包的销量很好,是不愁卖不出去的。因此,主播完全没有必要以打折的方式来迎合该用户。

【技巧解析】

1. 做好用户定位

每件产品都有其适用的对象，主播如果将产品卖给不适合的用户，那么用户很可能会因为不满意而给出中评，甚至是差评。在这种情况下，产品的好评率势必得不到保障。做好用户定位，不仅能为主播指明方向，让主播有针对性地推销产品，还能将产品推荐给真正适合的人，增加产品的好评率。

2. 了解用户信用

评价的最终决定权始终掌握在用户的手中，主播的售前沟通对用户不一定能起到太大的作用。在面对这个问题时，主播不妨换一个角度，既然不能对用户的评价产生足够的影响，那么可以通过对用户进行选择，减少一些差评，这样好评率自然也就上升了。

对主播来说，当用户信用不佳时，与其勉强成交而获得一个差评，倒不如不做这一单。差评不仅会让店铺的评分下降，还会让许多潜在消费者望而却步，这样的买卖是非常划不来的。

10.1.2 积极地进行引导

因为直播购物时用户是无法亲自验证产品的，所以用户购物时会有很多疑虑。对于这种情况，主播可以积极地引导用户，带领用户完成购物。这不仅可以节约彼此的时间，也能让用户在接受帮助的过程中对主播产生好感，让用户有一个良好的购物体验。

【案例展示】

用户：我想给男朋友买一双篮球鞋，听说你们直播间的鞋子质量还挺不错的，所以就想着过来看看。

主播：不知道您有什么要求呢？

用户：鞋底要有减震功能，这样长时间打球脚也不会疼；最好是黑色的，这样不显脏；价格要在1000元以内。第一次在直播间买这么贵的鞋子，我还是有点儿担忧。

主播：您真是一个暖心的女友啊！帮男朋友买篮球鞋都这么细心，各方面都把握得这么好。我们是一家经营了5年的老店，产品全都是正品，质量绝对是有保障的。

用户：这些关于篮球鞋的想法都是我从男朋友那里听到的。我还想让你帮我推荐一下呢。

主播：能为您推荐是我的荣幸，您看A款篮球鞋怎么样？现在许多篮球爱好者都想拥有这样一双球鞋。

用户：这款篮球鞋我经常听男朋友提起，相信这双鞋我男朋友一定会喜欢的，就买它了。也谢谢你的推荐，就冲你的服务，我觉得都应该直接给好评了。

以上为某主播与用户沟通的部分内容，用户是直播购物的新手，她不仅对直播购物有担忧，而且对于要买的产品，也不是很了解。应对这种用户，主播不仅通过"5年老店""许多篮球爱好者都想拥有"等话语消除了用户的疑虑，还成功让用户下了单。显然，用户对于主播推荐的产品也是比较满意的，这就为用户给好评打下了很好的基础。

【技巧解析】

1. 打消用户的疑虑

既然用户愿意与主播进行沟通，就说明用户还是愿意在直播间内购买产品的。此时，主播的处理方法将对用户产生很大的影响。如果主播打消了用户的疑虑，让其对接下来的购物更有信心，用户自然就愿意下单了。

2. 适时给用户带路

即便用户已经有了明确的要求，也不一定就能找到符合自己需求的产品。而主播对于直播间可能像对自己的家一样熟悉，给用户找到合适的产品也是职责所在。所以，主播还需扮演好引导者的角色，适时给用户带带路。

例如，对于一些有固定优惠券的产品，主播将产品的优点、价格以及售后都向用户表述清楚之后，可以教用户领取优惠券，下单购买产品，如图10-1所示。

图10-1　主播在镜头前教用户领优惠券下单

10.1.3 好评再购给优惠

主播需要明白,是否给好评是由用户决定的。即便产品达到了要求,用户不高兴也有可能会给中评,甚至是差评。因此,主播要思考怎样让用户给好评。对于这个问题,比较简单有效的一种解决方法就是通过好评再购给优惠进行利诱。这种方法不仅能起到提高好评率的作用,还能持续获得用户的购买力。

【案例展示】

主播:您看看这款靴子,这是今年的新款,因为它用的是真皮面料,再加上外观设计也比较吸引人,所以许多女明星都比较钟爱哦!

用户:看上去挺不错的,就是价格略贵了一些,我现在还有一些难决定啊!

主播:小店的这款靴子不仅是真皮面料,而且是纯手工制作的,所以价格上是要比一般的机制靴子高一点儿。但是,像靴子这种东西,还是手工制作更可靠一些,您觉得呢?

用户:你说的也有道理,只是价格上我还是有一些纠结。

主播:告诉您一个好消息,小店正在做活动,只要给好评,下次购物时便可以获得一张满减券,这样您这次购物就相当于获得优惠了。

用户:哦,还能碰到这样的好事,那这张券能抵多少钱呢?

主播:您只要在此次购物之后给出好评,并将截图发送给客服,客服便会给您发送领券链接,您可以点击链接领取一张满500元减50元的满减券。

用户:要满500元才能用,这门槛有点儿高啊!

主播:虽然看起来有点儿高,但您只需购买两件物品就可以达到这一数值了。比如,您可以在小店买一套衣服。您看啊,500元减50元,这相当于是打了九折,力度还是比较大的。

用户:这张券看上去确实还不错,那你放心吧,即便是为了这张券,我也一定会给好评的!

以上为某主播与用户沟通的部分内容,主播正向用户推荐一款靴子,用户虽然有意购买,但是觉得价格稍微有点儿高,所以迟迟未做出购买决定。

面对这种情况,主播及时抛出好评再购给优惠这一活动,并通过语言表达,增强了该优惠的吸引力。这一举动不仅成功让用户坚定了下单的决心,还对用户给好评起到了引导作用。

【技巧解析】

1. 提出要求

虽然为了保证用户的好评率,对再购给优惠做出一些要求是很有必要的,但是主播在表达时还需运用一定的技巧，要知道，用户对于他人对自己提出要求可能是有抵触情绪的。

因此，对于好评再购给优惠这件事，主播还需要提出一些评估好评的要求。例如，可以将好评截图作为标准，只有好评并截图的用户才可享受再购优惠，这样便能很好地保证用户给的是好评。

2. 给出优惠

当主播承诺好评再购给优惠时，大部分用户可能会为了优惠给出好评，但这是建立在主播给出的优惠对用户具有吸引力的基础之上。商家毕竟是要盈利的，即便给出再购优惠，可能优惠的力度也比较有限。所以，如果主播要用优惠吸引用户给好评，就需要通过一些表达技巧，增强优惠对用户的吸引力。

例如，主播可以告知用户，在限定时间内及时给出好评才能获得优惠，这样用户便会觉得优惠难得，从而产生紧张感。具体来说，要增强优惠的吸引力，主播可以参考以下3个技巧，如图10-2所示。

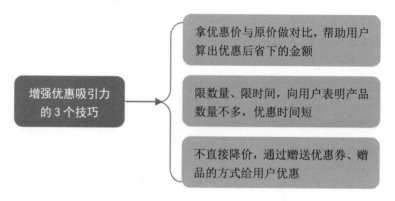

图 10-2　增强优惠吸引力的 3 个技巧

10.1.4　许诺的事情要兑现

在沟通过程中，适时对用户做出一些许诺，既能起到坚定用户信心的作用，也能看到主播对交易的诚意，让用户基于好感给出好评。正是因为如此，许多主播通常都会乐意对用户做出一些许诺。

当然，许诺也不是不可以，但是一旦许诺了，就必须兑现。这不仅是主播言而有信的体现，更关系到商家在用户心中的形象。因此，在做出许诺这件事上，主播要敢于许诺，并及时兑现。

【案例展示】

用户：你们直播间不仅产品质量好，许诺给我的赠品也都兑现了，关键是赠品的质量也非常不错。所以，我不仅毫不犹豫地给了好评，还将你们直播间作为购物的首选渠道，这不，我又来咯！

主播：您太客气了，许诺的事及时兑现是应该的，也感谢您对小店的支持和信赖。不知道您这次需要购买什么呢？

用户：现在的网店，许多主播都是只许诺，却不兑现，像你们这种说到做到的真是不多，我都要被你们"圈粉"了。对了，这次我想买一条裙子，刚刚已经下单了。

以上为某主播与用户沟通的部分内容，从案例中不难看出及时兑现承诺的重要性，正因为主播将许诺的事都做到了，才获得了用户的信赖。

【技巧解析】

1. 敢于许诺

可能主播做出许诺只是为了引导用户完成购物或获得用户的好评，甚至有的主播只是不经意间随口做出一些许诺。但是，在用户看来，主播的许诺却能起到"定心丸"的作用。

因此，为了增强用户的信心，提升沟通的成功率，也为了消除用户的疑虑，节约彼此的时间，提高自身的工作效率，主播在与用户沟通时，对于自己能力范围内的事，要敢于承诺。

2. 兑现许诺

虽然许诺能在沟通过程中起到不错的促进作用，但是主播需要明白，相比许诺的内容，兑现诺言其实更重要一些。当主播许诺之后却没有兑现时，用户会觉得主播是没有信用的，这样一来，用户势必会对主播产生反感和不信任情绪，结果可能就是迁怒于产品，直接给出差评。

10.1.5 快速回复体现重视

对于主播来说，越及时回复用户，引导用户完成交易的时间就越短。不仅如此，主播快速给出回复，还能让用户觉得自己被重视，给用户留下好印象。相反，如果主播不能及时回复用户，那么用户可能会感觉主播是在"怠慢"自己。每个人都是有自尊心的，当感觉自己不被重视时，通常不会轻易相信别人。因此，在直播过程中，如果有用户提问，主播要快速给出回复。

【案例展示】

用户：主播，我问了很多关于产品的问题，可以回复我一下吗？

(几分钟后)

主播：这位用户，不知道有什么可以帮到您的？

用户：我想给我上小学的儿子买个书包，你直播间的书包太多了，我不知道该买哪一款，可以给我一些推荐吗？

(几分钟后)

主播：能问一下您对这个书包都有哪些要求吗？

用户：你也知道现在的小学生课本很多，我就是想帮儿子买一个背着舒服一点儿的书包。

主播：您可以看一下 A 款书包，这款书包的肩带具有较强的减负作用。聚酯面料保证了这款书包的透气性。另外，书包上印着超级英雄的图案，小男孩一般都比较喜欢。

(几分钟后)

用户：我认真看了一下，这款书包还算不错，就是价格有些贵。

(几分钟后)

主播：这款书包是大牌设计师精心设计的，而且又是一个知名品牌旗下的产品，所以价格比一般的书包要高一些，如果您真心喜欢，我们可以给您打 9 折哦！

用户：如果你早说的话我或许还会买，但是现在只能说不好意思了。你很久没回复，我已经在别的直播间买了一个。

以上为某主播与用户交流的部分内容，因为主播没有及时回复用户，导致用户去其他直播间购买了想要的产品。而且从用户的话语可以看得出，如果主播早点回复，该用户下单的可能性很大。

【技巧解析】

1. 回复要及时

如果一位用户久久得不到主播的回应，用户可能就会选择直接离开，然后去其他直播间购物。现在直播带货行业竞争激烈，用户的选择很多，如果主播让用户等待过长的时间，用户很可能会因为失去耐心，不再观看你的直播。

2. 可顺势引导

除了及时回复之外，顺势进行引导也属于快速回复的一部分。部分用户可能不只是想得到某个问题的答案，而是希望主播能够根据自己的话语，找到接下来的交流方向。也就是说，主播应该根据用户的表达顺势进行引导。

例如，当用户说"我觉得 A 品牌的咖啡还挺不错的"，主播就应该意识到该用户对 A 品牌的咖啡是有好感的。此时，主播如果能顺势引导，为用户推荐 A 品牌的咖啡，说服用户下单的概率会很大。

10.1.6 用赠品让购物划得来

给用户"好处"比较直接的方式就是在价格上做出让步，但是让价的度不是很好把握，所以很多主播都倾向于给用户赠送赠品，让用户觉得买到就是赚到。

【案例展示】

用户：你们店的 A 款牛仔裤还挺不错的。

主播：您眼光真好，这是一款修身牛仔裤，它采用了磨破的流行元素，让穿着者看上去非常潮。这款牛仔裤是小店销得比较好的一款产品了，质量也很好，这一点从高达 97% 的好评率便可见一斑。

用户：看上去确实挺不错的，但是我觉得还是贵了一点儿，不知道价格上面还有没有商量？

主播：我也想给您优惠点儿，但是非常不好意思，这个已经是优惠之后的价格了，我也只是店铺中的打工者，对于产品的价格是没有决定权的。不过，您购买这条裤子是有赠品的，只要您下单，我们会给您赠送一条皮带。您收到货之后，能不能给个好评呢？

用户：听起来挺划算啊！放心吧，只要裤子没有质量问题，我绝对会给好评的。

以上为某主播与用户沟通的部分内容，主播通过直接告知用户下单有赠品，让用户觉得此次购物很划得来。因此，当主播请求用户给好评时，用户很快便同意了。

【技巧解析】

1. 承诺赠送物品

当用户试图与主播讲价时，主播通过承诺赠送物品，不仅可以委婉地拒绝让价，还可以起到增加产品附加值的作用。购买产品可以获得额外的物品，用户自然更愿意在完成购物之后给出好评。

2. 随产品直接赠送

除了在沟通过程中承诺赠送物品，主播还可以给用户制造一些惊喜。例如，在不告知用户的情况下，将赠品随产品直接赠送给用户。在此过程中，主播需要特别注意一点，那就是尽量赠送与产品相关的物品，这样用户通常会用得上。

另外，主播还可以通过一定的方式提醒、请求用户给好评。例如，主播可以在快递中塞一封感谢信，感谢用户的光顾，并在信的结尾表达获得好评的愿望。这样一来，用户便会觉得店铺和主播是很有诚意邀请自己给予好评的。

10.2 差评也能变好评的技巧

虽然主播在销售产品的过程中遇到一些给差评的用户是在所难免的，差评确实会对产品的销量产生不利影响，但是只要主播的口才好，差评也能变好评。本节笔者就为大家分享5个将差评变好评的技巧。

10.2.1 表达歉意

如果主播销售的产品有很多差评，就说明该直播间内的产品和服务很可能真的存在一些问题。既然是产品质量和服务存在问题，主播就需要通过道歉来表达店铺对此事的态度。

俗话说："知错能改，善莫大焉。"如果主播能真诚地向用户表达歉意，用户看到主播的态度，也更容易从情感上原谅产品或服务的不足，甚至同意对差评做出修改。

【案例展示】

主播：亲，在吗？

用户：嗯，你是哪位？有什么事吗？

主播：您好，我是主播小柳。此次打扰您，主要是为小店产品和服务给您带来的困扰表示歉意。看到您给了我们一个差评，不知道能不能麻烦您说一下具体情况呢？

用户：我在你们店买了一件衬衫，一个多星期才收到货，衣服上面还有很多线头。这种情况下，你觉得给差评是冤枉你们吗？

主播：我再次为本次购物给您带来的不愉快向您道歉，您说的这些，责任都在小店。小店愿意为此做出一些补偿，在工作过程中难免会出现一些疏忽，也希望您能多一分理解。

用户：既然你都道歉了，我也不好再追究了，更何况都是一些小事。看在你态度这么好的分上，我就追加评论，帮你说一些好话吧！

主播：实在太感谢您了！

以上为某主播与用户沟通的部分内容，用户因为快递速度太慢，产品细节未处理好,在评论时给了一个差评。对此,主播承认了工作中的不足,并表示会承担责任,向用户表达了歉意。而用户也被主播的态度打动,表示会追加评论说一些好话。

【技巧解析】

1. 态度要真诚

道歉的态度很重要,不同的态度在用户看来感觉是完全不同的。当主播真诚道歉时,在用户看来,主播表达的是"知错了";而当主播的道歉不够真诚时,用户可能会觉得主播是在敷衍自己。那么,主播要如何让用户感受到自己是在真诚地道歉呢?具体来说,当用户给出差评时,主播要及时回应,做到不甩锅、不敷衍。

2. 不能言语相激

在与用户沟通时,无论用户是怎样的态度,主播都不能以言语相激,这应该是沟通的基本原则,因为激怒用户只会让事情变得更糟糕。

10.2.2 给出解释

当用户给出差评之后,如果主播能够给出用户可以接受的解释,也许用户便能理解主播的不易,从而平复心中的怒气。

【案例展示】

主播:请问××先生在线吗?

用户:在的,你有什么事吗?

主播:××先生,您好!我是×××店的主播,因为看到您给了个差评,所以特此向您了解一下情况,还望您能给我几分钟的时间。

用户:我在你们店买了一箱水果,结果十多天之后才送到,而且收到时已经坏了一大半。如果你在购物的过程中遇到这样的情况,会给卖家好评吗?

主播:您的心情可以理解,如果是我遇到这种情况,第一想法也和您一样。但是,出现这种情况是有原因的,您也知道"双十一"快递的数量多,配送速度比平常要慢一些,而且货车在送货的过程中又出现了一些故障,耽误了大量的时间。因此,等水果送到您手中时便因为运送时间过长而出现了变坏的情况。

用户:原来是这么回事啊!

主播:网购是买家确认收货之后,店家才能收到钱的,所以运送速度太慢对我们来说是没有任何好处的。当然,这件事的主要责任还是我们的工作做得不到位,很抱歉给您带来了困扰。您看这样好不好,我们重新给您发一箱水果,就当是给您的补偿。您也多多理解我们的不易,帮我们追加个好评。您放心,这次您在3天内肯定能收到货,而且不会有一个坏果。

用户:好吧!听你解释之后,我觉得发生这种事情也算是情有可原,我就帮个小忙吧!

主播:感谢您的理解,好人一生平安!

以上为某主播与用户沟通的部分内容,因为运送速度太慢,导致水果变坏,用户就给了差评。面对这种情况,主播通过向用户传达快递数量多和送货车出现故障影响了送货速度等信息,解释了快递速度慢的原因,并且表示快递慢对卖家也是不利的,还在收货后给用户重新发货,承诺用户可以在3天内收到货。而用户也因为理解店铺的不易,做出了修改差评的决定。

【技巧解析】

1. 给出理由

主播要通过沟通让用户主动对差评进行修改,就要为用户找到一个修改差评的理由。如果主播不能在沟通过程中给用户一个合理的理由,用户可能不仅不会买账,还会觉得自己被"骚扰"了。

当然,有说服力的理由固然重要,但主播却不能为了说服用户修改差评而编造理由。因为这么做是没有担当的体现,如果用户发现自己被骗了,可能事情会比一个差评更糟糕。

2. 承诺改进

既然问题出现了,就说明店铺的服务或产品质量仍存在不足。有不足就要及时改进,确保下次不会出现同样的事情。因此,为了让用户放心,主播在向用户解释的过程中,还需要承诺会对不足之处进行改进。

10.2.3 适度诉苦

差评或好评都是用户一念之间的事情,对用户自身也不会产生很大的影响。但是,对于主播来说,用户的差评却与产品的销量,甚至是自身的收入相关。用户通常很难理解主播的不易,给评价时也比较随意。对此,主播可以通过向用户诉苦的方式,让用户了解到差评的影响,从而让用户基于同情,同意对差评做出修改。

【案例展示】

主播:您好,请问是王先生吗?

用户:你是哪位?找我有事吗?

主播:王先生,您好,我是×××店的主播小九。这次打电话过来叨扰就是想请您帮忙追加一下评论。

用户：不至于吧！就一个差评而已，你就专门打电话过来。这要是投诉，那你岂不是要登门拜访了？

主播：可能在您眼中，主播是一个工资高还特别舒服的职业，但是实际上我每个月要直播 26 天，而且每天直播的时间有 10 多个小时。遇到您这种好说话的用户还好，如果遇到不讲理的用户，我还要默默地忍受这些用户的刁难。就这样的工作强度，每个月的工资还不到 5000 元。可以说，主播是一个吃力不讨好的差事。

用户：你的工作确实挺不容易的，但这和我给差评又有什么关系呢？

主播：也许在您眼中，差评仅仅代表您对产品或服务不够满意，但是主播是有绩效考核的，如果出现的差评太多，当月的工资会被扣除一部分，情况比较严重的，甚至会直接丢工作。所以，能不能请您帮忙追加一下评论呢？我在这里先谢过了。

用户：一个差评原来也这么严重啊！那好吧，我就帮你改成好评。

主播：您真是一个好人，要是每位用户都能像您这样，我们的工作也会顺利得多。我在此向您表示感谢，祝您工作顺利、财源广进！

以上为某主播与用户沟通的部分内容，用户认为差评只是一件微不足道的小事，所以当主播打电话过来的时候，用户对自己给差评的事情是毫不在意的。当主播表达了自己的不易，告知差评可能带来的影响后，用户开始意识到，差评是与主播的收入相关联的，便爽快地答应对差评做出修改。

【技巧解析】

1. 说出自己的不易

每个人都有自己的不易之处，主播可以在沟通过程中向用户说出自己的不易，这样，即便自己有做得不够好的地方，也更容易获得用户的谅解。在这种情况下，主播劝说用户追加好评的难度也会降低。

2. 渲染差评的影响

在用户看来，一个差评只是自己对某次购物体验的一个评价而已。用户并不了解差评对主播口碑的影响，所以主播要想通过诉苦来达到引起用户共鸣、追加好评的目的，就要让用户了解差评的影响。

因此，主播有必要让用户知道一个差评比他想象中更有影响力，甚至可以对差评的影响进行适当的渲染。这样一来，差评在用户心中的分量将大大增加，用户出于同情心理也更容易配合主播追加评论。

10.2.4 软磨硬泡

有的用户态度比较坚定,主播通过一两次的沟通是很难取得预期效果的。面对这种情况,如果主播对差评比较看重,就需要做好打持久战的准备,采取软磨硬泡的策略来达到目的。

【案例展示】

案例1

主播:你好,我是昨天联系你的主播小宇,你应该也知道我这次打电话过来的目的了。

用户:怎么又是你,我都说了不会帮你们坑害其他用户了。你倒是厉害,换了一个号码又来骚扰我。

主播:不管你认为这是在真诚劝说,还是在骚扰你,我都要告诉你,如果不帮这个忙,你每天都会接到这样的电话,直到有一天你答应给小店修改差评为止。

用户:就这个态度还想让我帮你们,不要做梦了。你们现在是在骚扰我,我不仅不会帮你们改差评,还要投诉你们。如果你们再打电话骚扰我,小心我报警!你们自己看着办吧!

案例2

主播:您好,我是×××店的主播小雨,昨天跟您联系过的,不知道您是不是还有印象呢?

用户:原来是你哦!看来你们确实是比较重视这个差评啊!竟然接连几天都打电话和我沟通。

主播:因为小店的工作失误给您带来了困扰,小雨在此向您道歉。一个差评对我们的影响实在是太大了,小店愿意免费将您升级为店铺会员,就当是给您的一点补偿。就是不知道您能不能看在小店真心悔过的分上,帮小店改一下评价呢?

用户:好吧!你们这么坚持不懈地沟通,看起来确实是对这件事比较重视,而且你们也承诺做出补偿了,看你们这么真诚,我同意帮你们改成好评了。

主播:非常感谢您的谅解,小店今后一定会为您提供更好的服务,好人一生平安!祝您工作顺利、生活幸福美满!

以上为主播与用户沟通的两个案例,这两个案例中的用户都是属于比较难说服的那一类人。案例1中,主播的沟通策略与其说是软磨硬泡,倒不如说是死缠烂打,而且沟通过程更像是对用户的一种骚扰。再加上主播以长期骚扰来威胁用户,所以不仅没有成功让用户修改差评,还很有可能会收到投诉。

案例 2 中主播的做法则更可取一些，虽然该主播同样也用了软磨硬泡的方法与用户进行了多次沟通，但是主播是用真诚打动了用户，沟通也取得了预期的效果，所以用户自然表示愿意对差评做出修改。

【技巧解析】

1. 坚持不懈

对用户来说，既然花了钱，就有权要求获得相应的产品和服务，如果产品和服务达不到要求，自然是要给差评的。在这种情绪的影响下，主播要想通过一次沟通让用户主动修改差评，显然不是一件容易的事。

在处理差评的过程中，主播可能会遇到一些不愿意轻易修改差评的用户。对于这类用户，主播需要多一分耐心，要相信或许下一次沟通用户便会愿意追加好评。相反，如果中途放弃，那么主播之前的努力便白费了。因此，在处理差评的过程中，主播需要多一分坚持。

2. 不能骚扰

虽然软磨硬泡体现的是主播对用户评价的重视，以及对自身工作的一种坚持，但不能将软磨硬泡变成骚扰。因此，主播在采用软磨硬泡策略与用户沟通时，还需多一分真诚，而不能为了消除差评做出一些过分的事情。要知道是否消除差评，决定权在用户自己手中，如果主播对用户进行骚扰，可能不仅不能消除差评，还有可能因此收到投诉。

10.2.5　帮助退单

一般情况下，主播给出合理的补偿，用户是愿意修改差评的。但是，当用户对产品质量不满意，并表现出强烈的退单愿望时，即使主播同意给出一些补偿，用户也可能不会同意修改差评。对此，主播与其给出更有吸引力的补偿，倒不如顺从用户，帮助其完成退单。

【案例展示】

主播：张先生，您好！我是×××店的主播。看到您刚刚给了个差评，不知道是哪些地方让您觉得不满意呢？

用户：我在你们店里花几百块钱买了一双跑步鞋，结果收到的是一双鞋面胶水都没有处理干净、鞋底硬邦邦的鞋子。换作是你，你会不会给个差评呢？

主播：非常抱歉，我们的产品没能达到您的要求。您的心情我理解，我们愿意对此做出一些补偿，不知道能不能麻烦您帮忙把差评给修改一下呢？

用户：就你们这双鞋，即便是补偿再多，我也不想要。你们要我改差评也可以，只要让我把这双鞋子给退了就行。

主播：因为您的鞋子还在退换期内，我们可以帮您退单。而且，退单之后您也可以获得全额购物款项。但是，有一些事得跟您说明一下。退单有一个过程，这其中包含了诸多环节。这是退单相关事项的一个截图，您可以看一下。(主播给用户发了一个截图。)

用户：我了解了，只要退单成功了，我也不会再故意为难你们的。

以上为某主播与用户沟通的部分内容，用户显然是对产品非常不满意的。所以，即便主播承诺适当做出赔偿，用户也只是表示希望能够退单。很显然，在这种情况下，主播应该做的是顺应用户的心意，帮其完成退单。退单前，主播还对一些注意事项进行了说明，以防用户在不了解的情况下遇到不必要的麻烦。

【技巧解析】

1. 告知退单事项

如果用户已经明确表达了退单意愿，只要条件允许，主播就应该尊重其意愿，帮其成功退单。退单在用户看来可能只是一个简单的动作，但是真正完成退单却需要一个过程。在这个过程中，又包含了诸多注意事项。因此，为了让用户更加了解退单过程，主播有必要将退单的一些事项告知用户，以免产生不必要的麻烦。

2. 承诺退还款项

说到退单，大部分用户最关心的应该是退还款项的相关问题，毕竟这直接关系到用户个人的利益。因此，主播需要在沟通过程中对退还款项做出承诺，并对相关的一些事项进行说明。例如，主播可以对"退还的金额是多少？""多久之后用户可以收到退还的款项？"等问题进行具体的说明，给用户吃一颗"定心丸"。

第11章

直播控场：
维持秩序避免冷场

学前提示

主播要想掌控全场，维持直播间的秩序，不仅要做到随机应变地回答用户的问题，还要不断地提高自身的专业能力。

本章重点分享提高直播控场的表达技巧和直播控场的常见技巧，以帮助主播提高直播控场的能力。

要点展示

- 直播控场必备的表达技巧
- 直播控场的常见技巧

11.1 直播控场必备的表达技巧

同样是做直播带货，有的主播一场直播可以带货上千万，有的主播直播几个小时却没卖出几件产品。之所以会出现这种差异，其中一个重要原因就是前者懂得通过与用户互动，把控直播间的气氛，引导用户下单；而后者却连基本的控场表达技巧都没有掌握。本节笔者就向大家分享5个直播控场必备的表达技巧。

11.1.1 常见问题回复的表达技巧

用户经常会提一些有关产品的问题，作为购买建议的提供者，主播有必要为用户答疑解惑。本小节笔者将以销售服装为例，对用户常问的一些问题进行解答，以更好地帮助主播应对直播间的提问，确保直播带货的顺利进行。

【案例展示】

用户：主播，×号宝贝可以试一下吗？
主播：好的，等一下我就试穿，展示给大家看看。
用户：主播多高、多重啊？
主播：我身高是1.62米，体重是45公斤哦！
用户：我的身高跟你差不多，但是体重比你重5公斤，如果我买了这款外套，穿着合身吗？
主播：这款外套本来就是偏宽松版的，我穿着显得稍大了一些，您穿着肯定是合适的。
用户：好，那我买一件吧！

以上是某主播与用户沟通的部分内容，从案例中我们可以提炼出3个用户经常问到的问题，那就是"×号宝贝可以试用一下吗？""主播多高、多重？""××产品我是否适用？"如果主播对用户常问的问题不予理会，那么用户很有可能会质问主播："你怎么不理人？"

【技巧解析】

1. ×号宝贝，试用一下

用户常问的第一类问题为："×号宝贝可以试一下吗？"用户之所以会问这类问题，很可能是因为他在观看直播时对该产品产生了兴趣，需要主播进行试用。一些销售服装的主播在直播时，就经常会遇到有试穿要求的用户，如图11-1所示。

图 11-1　用户提出试穿要求

主播面对这类提问时,可以用"好的,我马上试穿"或者"稍等一下,我安排试穿"这样的表达回应用户,并及时安排试用或试穿服装。当然,如果要严格按照讲解顺序来介绍产品,主播可以这样告诉用户:"不好意思哦,您说的×号产品晚点试穿给您看,好吗?"一般来说,主播通过致歉和反问委婉地请求用户,用户不但不会因为被拒绝而生气,反而会理解主播的难处。

2. 主播情况,多高、多重

用户常问的第二类问题是主播的身高、体重等信息。对于这类问题,主播可以在直播间内直接展示自己的身高及体重信息,如图 11-2 所示。

图 11-2　主播将身高和体重展示在直播间中

如果用户询问主播身高和体重等信息,主播可以直接回复:"宝宝们,大家注意一下,直播间屏幕上方有的我的身高、体重信息哦!"

3. ××产品,是否适用

用户在服装销售类直播间中,常问的第三类问题是:"我的体重是××公斤,身高是×××厘米,这款服装我穿着合适吗?",或者"体重××公斤,身高×××厘米,应该买哪个尺码呢?"

对于这类问题,主播可以根据用户提供的具体身高、体重等信息,给予用户合理的意见。具体来说,主播可以询问用户日常穿着的服装尺码,再根据经验进行推荐。除此之外,主播还可以直接在直播间中展示产品的标准尺码参考表,给用户下单提供参照。

4. 质问主播,没有理会

有时候用户会问主播为什么不理人,或者责怪主播没有理会他。这时候主播可以回复:"宝宝们,我没有不理你们,只是因为消息太多,我没有看到。"这样一来,用户的情绪得到安抚,感觉自己得到了重视,会更愿意留下来观看直播。

11.1.2 欢迎用户进入直播间的表达技巧

在直播的过程中,主播如果能够掌握一些欢迎用户进入直播间的表达技巧,不仅会获得更好的带货效果,还可以让直播有条不紊地进行。本小节笔者就会对欢迎用户进入直播间的表达技巧进行分析和展示,帮助大家更好地维持直播秩序,避免冷场。

【案例展示】

主播:欢迎×××宝宝来到我的直播间,我是主播×××。

主播:欢迎×××的到来,看名字,您是很喜欢×××(明星)吗?真巧,我也很喜欢呢!

主播:欢迎×××进入直播间,感谢您对我们的支持,我们直播间有很多新品,感兴趣的话帮忙点一下关注哦!

主播:欢迎×××回到我的直播间,差不多每场直播都能看到您,感谢您一直以来的支持,看到喜欢的产品可以下单哦!

以上是主播欢迎用户进入直播间的部分表达话语。具体来说,案例中主播的欢迎表达方式可以总结为以下 4 种。

(1) 结合自我介绍。

(2) 根据用户的名字。

(3) 感谢用户，并邀请用户关注自己。

(4) 表达对忠实粉丝的欢迎。

【技巧解析】

1. 避免表达单一

主播直播时，要避免使用单一的欢迎表达方式，因为没有用户会喜欢单调的直播内容。对此，主播可以参考案例中的表达，从自我介绍、用户名字、感谢用户、邀请关注以及欢迎忠实粉丝这 4 个方面出发，进行表达。

2. 注意减少工作量

主播直播时，只需要在直播开始和互动的环节多说一些欢迎用户的话语即可，其他时间段，如果进入直播间的用户比较多，主播可以设置自动欢迎用户进入直播间的文案。这样只要有用户进入直播间，系统就会自动出现欢迎语，从而有效地减轻主播的工作量，如图 11-3 所示。

图 11-3　主播通过设置自动欢迎文案减轻工作量

11.1.3　提问的表达技巧

主播在直播时，通常会遇到不知道该说什么的情况，一旦遇到这种情况，直播间可能就会冷场。大多数主播认为，不管气氛多尴尬，一定要懂得"自说自话"，不断地输出自己的观点。其实，直播并不一定是主播不停地说，而是要适当引导用户进行互动。对此，主播可以通过向用户提问、向用户抛出话题的方式，引发用户的讨论。

【案例展示】

主播：宝宝们，我们刚刚已经介绍了10款产品，大家现在来说说，你们更喜欢哪款产品呢？

主播：宝宝们，我们中途休息10分钟，大家想听我唱歌的打1，想看我跳舞的打2，我听你们的安排，好吗？

主播：你们看过《×××》电视剧了吗？你们觉得好不好看啊？你们觉得里面哪个人物比较吸引你呢？

主播：大家周末都干了什么呢？是不是喜欢看我直播啊？

以上是主播抛出话题引发用户讨论的部分表达，在案例中，主播主要从4个方面进行了引导，具体如下。

(1) 结合产品提问。主播结合产品进行提问，引发用户讨论。通过这种提问方式，不仅可以加深用户对产品的印象，还能让主播了解产品的受欢迎程度。

(2) 让用户更好地参与其中。如果整场直播不间断地讲解产品，用户难免会产生疲劳，从而退出直播间。对此，主播可以在直播的过程中适当娱乐一下用户，让用户得到放松。

(3) 抛出话题。用户也有表达的欲望，主播不能总是一个人自说自话，而要适当地引导用户发表一些言论。

(4) 询问粉丝近况。主动询问粉丝的近况，不仅可以拉近用户与主播之间的距离，还能活跃直播间的氛围。

【技巧解析】

1. 提问结合兴趣爱好

兴趣爱好的话题一般很广泛，如果主播能结合与用户关联度较高的兴趣爱好来进行提问的话，就能引起用户的共鸣。例如，某淘宝美妆主播直播间的用户多为年轻女性，这类用户比较爱美，对美妆产品、护肤技巧有一定的兴趣，那么主播提问时，就可以用："你们喜欢用什么样的美妆产品呢？平常有什么护肤习惯呢？""你们都有什么护肤的小技巧？讲给大家听听好吗？"等表达激发出用户的讨论兴趣。

2. 提问结合时事热点

根据当前的时事热点，主播可以延伸出很多可以讨论的内容。主播平时可以关注微博、知乎和抖音等平台，了解热点信息，选择合适的话题与用户展开讨论。需要注意的是，并不是所有热点都适合作为直播间的讨论话题，主播还需要对一些时事热点进行甄别，避免谈论一些影响不好的话题，以免损害自己的带货口碑。

3. 提问结合生活经历

主播可以把用户当成自己的老朋友，在直播间中与用户聊一些生活经历。人是有情感的，每个人都有不同的经历，与用户讨论一些生活经历，往往能拉近与用户的距离。例如，主播可以在直播过程中询问："大家有过遗憾的事情吗？""大家难忘的经历是什么？"等。

11.1.4 感谢并引导用户的表达技巧

当用户在直播中购买产品或者给主播刷礼物时，主播可以通过一些感谢的话语对用户表示感谢，同时还要引导用户，让用户为你助力。

【案例展示】

主播：谢谢大家的支持，××不到 1 小时就卖出了 5000 件，大家太给力了，爱你们！

主播：感谢大家送给我的礼物，一下就让对方失去了战斗力，估计以后他都不敢找我 PK 了，给你们比心！

主播：谢谢×××的关注，我们每天××点直播给大家推荐好产品，记得每天都来看看哦！

主播：天啊！果然好东西都很受欢迎，半个小时不到，××产品已经只剩下不到一半的库存了，要买的宝宝抓紧时间下单哦！

以上是主播感谢并引导用户助力的部分表达方式。具体来说，案例中主播的表达方式主要是从以下 4 个方面来展开的。

(1) 对关注的用户表示感谢。
(2) 感谢送礼物。
(3) 引导关注。
(4) 引导购买产品。

【技巧解析】

1. 表现出真实情感

一些用户是因为信任主播，才会听从主播的建议购买产品，所以当用户下单时，主播应该表达感谢，这也是主播有礼貌的体现。主播在感谢用户时，需要表现出真实的情感，否则用户会觉得主播过于敷衍，甚至觉得主播有演戏的成分。

2. 表现大方不功利

虽然主播表示感谢的目的是向用户推销更多的产品，但是在感谢用户时，不必显得过于卑微，而要大方、自然地表达自己的感谢之情。同时，如果赠送的礼物很多、产品的销量很好，主播也不要表现得过于急功近利，不能让用户觉得你是在极力引导他购买产品。

11.1.5 常用下播的表达技巧

下播前，主播可以对本次直播做一个总结，并对下次所要推荐的产品进行预告，然后再感谢用户观看直播，或者引导用户关注自己。除此之外，主播在下播前也可以分享自己的心情，并祝福用户。

【案例展示】

主播：宝宝们，下次的直播也要来看哦，我们下期直播会向大家推荐一些新品，福利多多，大家千万不要错过啊！

主播：主播还有 20 分钟就要下播了，非常感谢大家的陪伴，今天和宝宝们度过了非常愉快的时光。宝宝们记得想我，我也会想念大家的。

主播：主播马上就要下播了，喜欢主播的宝宝可以点点关注，这样明天主播开播你们就能第一时间收到提醒啦，明天再见哦！

主播：现在是晚上 10:00，非常感谢关注的宝宝和送礼物的宝宝，谢谢大家！大家今天要早点睡觉哦！

主播：我要下播咯，喜欢我的朋友可以加我的粉丝群，直播的时候我会在群里通知大家的。

以上是一些主播常用的下播表达方式，主播主要是围绕预告下次直播内容、感谢用户、引导关注、分享心情、关心用户以及引导加群这 6 个方面来组织语言的。

【技巧解析】

1. 做一个直播总结

能够坚持到直播结束的都是主播的忠实粉丝，主播的每一场直播都要做到善始善终。所以，在直播快要结束时，主播需要对本次的直播做一个简单的总结，不断给用户传递自己的直播价值。例如，对用户说："感谢大家观看我的直播，以后会给大家带来更多的好产品，也希望你们支持我！"除此之外，主播还可以在做直播总结时预告下次所要推荐的产品，让用户做好心理准备。

2. 对用户表示祝福

主播下播前对用户表示感谢和祝福，不仅能表达对用户的不舍之情，还能增强高用户的黏性。例如，主播可以对用户说："谢谢你们陪伴我直到直播结束，有你们在我身边，我真的感到很幸福，大家早点睡觉吧，祝你们做一个好梦！"

11.2 直播控场的常见技巧

掌控直播节奏，是主播必须掌握的重要技能之一。主播在直播过程中，难免会遇到一些意外情况。面对这些问题，主播应该如何应对呢？本节笔者就分享几个直播控场的常见技巧。

11.2.1 纠正表达的错误

主播的一言一行可能都会变成街头巷尾谈论的话题。带货能力好，会被大众谈论，直播"翻车"也同样会被大众讨论。当直播"翻车"时，主播需要做的就是承认自己的错误，并及时进行纠正，这样做可以让用户看到你知错能改的态度。

【案例展示】

某主播曾邀请一位女明星一起直播带货，在直播中，这位主播想活跃现场气氛，就借用销售的产品说了一些不该说的话，导致该女明星觉得很尴尬。意识到问题之后，该主播在直播中及时承认了自己的错误，更是在直播结束后，在微博中发文向女明星道歉。

因为该主播的道歉及时又诚恳，所以部分用户在看到其微博之后，也表示了谅解。其中，部分用户评论道："无论如何，能第一时间道歉，态度还是可以的！""哥，没事的，人非圣贤，好好休息，了解你的人都知道你没有恶意。"

主播急于活跃直播间的氛围，说出了不恰当的话。值得庆幸的是，该主播不仅及时认识到了自己的错误，还及时向女明星表示了歉意，获得了广大用户的谅解。

【技巧解析】

1. 第一时间承认错误

主播的言行举止不仅代表着个人，还代表着背后的整个直播团队，所以主播应该给广大用户树立榜样。如果主播的表达不恰当，可能会误导用户，造成不必要的麻烦。然而，主播也有犯错的时候，所以一旦意识到自己的表达有误，主播就要在第一时间向广大用户道歉，并及时纠正，寻求用户的原谅。

2. 提前准备表达脚本

主播每场直播都要精心地做好准备，提前准备好表达脚本。有了表达脚本之后，主播就能清楚地知道什么时候该说什么，这样一来，只要主播严格按照脚本的内容与用户互动，就可以有效地减少表达错误了。

11.2.2　正确处理吐槽

网络上有些用户会将负能量发泄给主播，也有一些不明事理、盲目跟风的用户。面对这类用户，主播要将大事化小，小事化了，正确处理吐槽。

【案例展示】

主播：宝宝们，这款面霜是我们直播间的新款，涂上它，你的皮肤就会变得水水嫩嫩，而且一点也不油腻哦！

用户：看起来还行，不过别人卖得比你们便宜，你的利润空间很大吧！

主播：我可以真诚地告诉你，我们是跟品牌方直接合作的，而且品牌方已经跟我们承诺，这已经是很低的价格了。像这种大品牌的护肤品，太便宜的话，大家敢用吗？所以，你们要明白，大牌的好产品，价格一定不会太廉价，因为它的生产成本本来就很高。

用户：说得有道理，我也觉得是这样，那我还是在你这里买吧！

主播：感谢你的支持，喜欢我可以点个关注哦！

以上是某主播直播时与用户沟通的部分内容，主播直接用品牌方的承诺来打消用户的顾虑，并且通过委婉地提出自己的建议，输出"好产品不会太廉价"的观点，从而说服用户做出购买决定。

【技巧解析】

1. 直接无视，做好自己

如果有用户在直播间吐槽，主播就去据理力争，那么吐槽你的人可能会更加激动地回应。这样一来，直播间中可能就会充满火药味，而其他用户看到气氛不对，可能就会离开直播间；相反，当用户吐槽时，如果主播直接选择无视，那么吐槽的用户说了一会儿之后会觉得这样做没什么意思，也就没有兴趣再继续吐槽了。

2. 指桑骂槐，侧面抨击

面对吐槽者，主播没有必要用激烈的言语直接怒怼，因为主播是一个公众人物，要维护好自身的形象。当然，当吐槽者咄咄逼人、触犯底线时，主播可以通过指桑骂槐的方式，对吐槽者进行侧面抨击。

例如，主播可以采用冷幽默的方式进行回应，让用户感受到主播的幽默，同时也对吐槽者进行一番讽刺；主播也可以利用幽默故事从侧面表达自己的想法，间接对吐槽者做出回应。

3. 正面激励，自我疏导

面对吐槽，最好的方式就是将压力变成动力，正面地开导自己，看一些忠实粉丝的评论，进行自我疏导。如果主播无法从负面情绪里走出来，那么直播状态势必会受到影响，而主播的状态又会影响带货的效果。因此，主播要多对自己进行正面激励，调整好自己的状态，让自己的内心变得强大起来。

11.2.3 机智应对用户挑衅

面对任何人的质疑和挑衅，主播都要做到不卑不亢。如果用户质疑产品的质量和售后，主播还一味地表示认同，那么其他用户也会不信任主播。因此，面对质疑，主播要展现自己的服务态度，尽量不要强词夺理，而要机智地应对质疑。

【案例展示】

主播：这款粉底液质地细腻不卡粉，而且控油效果很好，油皮的宝宝可以放心用，买了之后你们还会回购的。

用户：看你推荐了这么多产品，感觉没有一款是好用的。

主播：平常大家去健身房，想要化个淡妆，就可以用这款粉底液，它的持妆效果好，保证你在健身的时候也能美美的。

用户：一款粉底液有那么大作用吗？我才不信，你就是一个骗子。

主播：这位用户，你刷屏很久了，你来看直播，我很欢迎，但是你用过我的产品吗？你看过我的示范吗？如果没有，请你不要说这种话。如果只是想在这里影响我们的直播间秩序，请离开我的直播间，你这样会影响其他宝宝观看直播。

（于是，其他观看直播的人纷纷与主播站在了同一立场，指责挑衅主播的用户，迫使该用户退出了直播间。）

以上是某主播应对用户挑衅的案例，主播面对用户的挑衅，并没有争辩，而是通过一系列的反问，证实该用户的言论中有一些谎言，并用"你这样会影响其他宝宝观看直播",成功地把矛头指向了挑衅的用户。

【技巧解析】

1. 调整心态,正面应对

如果主播不能调整好自己的心态,用户就会觉得主播不太好沟通。这样一来,用户就会逐渐疏离主播,而用户对主播的信任感和忠诚度也将因此而消磨、丧失。

另外,无论用户是无理的挑衅,还是实实在在的抱怨,主播都必须正视。如果选择无视,质疑的用户可能就会觉得你是心虚。具体来说,当有用户挑衅自己时,主播需要做到以下两点。

(1) 观察用户,揣摩用户的心态,面对一直进行负面评论的用户,主播要学会适时进行反击,把主动权拉到自己身上。这样既能吸引用户的注意力,也能显示主播对产品的强大信心。

(2) 如果发现用户质疑的问题真的存在,主播要接受批评,欣然面对用户的批评、刁难和挑剔,并尽最大可能去满足用户的要求,全力配合解决问题,树立起负责任的形象。

2. 用户分类,针对性引导

面对用户的挑衅,主播可以根据用户的类型,采取不同的沟通策略,针对性地与用户进行交流,避免产生摩擦及负面情绪。图11-4所示为直播间常见的用户类型。

直播间常见的用户类型
- 铁杆粉丝:会发自内心地维护主播,主动在直播间营造氛围
- 购物者:注重自我需求,在直播间更关心产品及其价格
- 娱乐者:忠诚度和购买力较低,有一部分用户会抬杠,甚至骂人

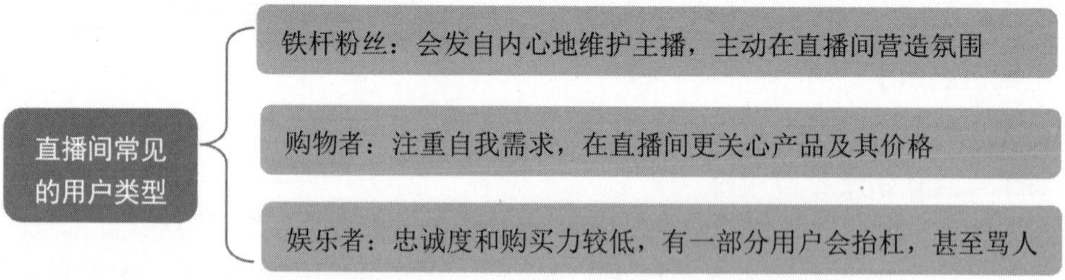

图11-4 直播间常见的用户类型

面对铁杆粉丝时,主播的情绪管理可以不用太严肃,适当地表达自己的烦恼或者开一些小玩笑,反而会更好地拉近和他们的关系。

购物者类型的用户一般是以自我需求为出发点,只关心产品及其价格。主播在面对这种类型的用户时,要主动解答他们的疑惑,同时诚恳地介绍商品。

部分娱乐者类型的用户素质较低,他们以宣泄自己的负面情绪为主,喜欢在直播间和主播抬杠。对于那些喜欢抬杠、骂人和挑衅的用户,主播可以在直播中点名,并与其沟通。如果对方不听劝告,一直挑衅,主播可以请场控帮忙处理。

11.2.4 节奏松弛有度

一场直播的时间通常会比较长，主播很难一直让直播间氛围处于活跃的状态，但是如果直播一直冷场，就会留不住用户。所以，主播要把握好直播节奏，只有这样，才能增加用户的停留时间，让更多用户购买你的产品。

【案例展示】

主播：宝宝们，刚刚一直都是给大家讲解产品，想必大家也累了吧？现在，我就给大家做一个小试验，让大家轻松一下，好不好？

用户：好！

主播：那现在，我们的试验开始啦！首先，我们拿出刚刚给大家讲解的这款洗面奶，将手打湿，然后挤一点儿洗面奶到手掌心，慢慢地揉搓，看到没有，我的手掌心开始出现泡泡。好，大家观察我手上的这些泡泡，是不是很绵密？接下来测试一下它的绵密程度，我们在泡泡上放一枚硬币，看看泡泡会不会被压塌。

用户：没有被压塌啊！

主播：你们看到了吗？没有被硬币压塌，这证明泡泡非常绵密且细腻……

以上是某主播在直播时与用户通过试验互动的案例，该案例中主播通过做趣味试验，让用户的心情得到了放松，并通过试验突出了产品的优势，可谓是一举两得。

【技巧解析】

1．演示互动

主播向用户推销产品时，可以利用一些表达刺激用户的感官，让用户产生紧张感，从而下单购买产品。但用户在长时间的刺激下，就会产生疲劳。这时，主播就要给大家一个放松的时刻。例如，主播可以在讲解产品的间隙，通过给用户唱歌，或发起话题讨论等，为用户营造出一种轻松的氛围。

不仅如此，主播还可以让自己在镜头前动起来，与用户互动。例如，一些卖瑜伽或者健身器材的主播，通常会在直播间内教用户做一些简单的热身动作，活跃氛围，如图11-5所示。

2．做游戏活跃氛围

主播可以通过做游戏来活跃直播间的氛围，让直播内容更有趣味性。例如，某主播直播时，经常会请一些明星一起直播，并通过玩一些小游戏来活跃氛围，所以很多用户都喜欢看他的直播。

图 11-5 主播教用户做热身动作活跃氛围

第12章

售后服务:
提升用户的忠诚度

学前提示

忠诚的用户是实现二次变现,甚至是多次变现的关键,用户的忠诚度越高,主播的商业变现能力就越强。

本章以产品的售后服务为切入点,分析应该如何应对售后问题,规避售后服务中的一些禁区,从而帮助主播和店铺提升用户的忠诚度。

要点展示

- 常见售后问题的应对方法
- 解决售后问题的沟通技巧
- 售后服务不可触碰的禁区

12.1 常见售后问题的应对方法

售后服务的优劣不但影响着用户购物的满意度，也影响着主播的带货口碑。因此，主播一定要尽力提供优质的售后服务，以提升用户的忠诚度。对此，主播可以借助客服，让客服与用户沟通，帮助用户解决售后问题，从而更好地维护带货口碑。

比较常见的售后问题包括忘发货或发货不及时、少发货或者发错货、产品与描述差距较大以及产品在运输时被破坏等。本节将对这些情景分别进行解读，帮助客服从容应对常见的售后问题。

12.1.1 忘发货或发货不及时

对于部分急需使用产品的用户来说，如果店铺忘发货或者发货不及时，就会导致用户需要等待比较长的时间才能收到货。此时，用户可能就会因为没有收到产品而投诉店铺。

【案例展示】

客服：您好，请问是王小姐吗？

用户：嗯，你有什么事吗？

客服：您好，我是×××店的客服小赵。看到您刚刚投诉了小店，所以我冒昧地过来了解一下情况。

用户：像你们这种发货不积极，还要提醒的店铺，不投诉你，投诉谁？

客服：因为发货不及时，导致您没能在预期时间内收到产品，请问是这样的吗？

用户：是啊，你们不想做这单生意就早说！干吗耽误我的时间？

客服：非常抱歉，这件事是小店的错。小店那几天订单比较多，我们发货的同事把您的订单给漏了，后来才发现问题。您放心，店长已经对该同事进行了严肃处理，他将为此付出3天工资的代价。每个人都会有失误的时候，还希望您能看在小店重视此事的分上，原谅我们吧！

用户：好吧，希望你们以后不要再犯这样的错误了！

以上为某客服与用户沟通的部分内容，下单之后店铺未及时发货，导致用户没能在预期时间内收到货，所以用户对此事非常愤怒，并投诉了该店铺。面对这一情况，客服先是对用户表达了歉意，然后说明了未能及时发货的原因，并表示犯错的人将会为此付出代价。用户看到客服的诚意之后，便平复了心情。

【技巧解析】

1. 向用户说明具体原因

在用户看来,忘发货或发货不及时完全是店铺的责任,所以客服必须给自己一个理由。对此,客服在沟通过程中,需要向用户说明忘发货或没有及时发货的原因。这既是为了给用户一个说法,也是为了获得用户的谅解。

2. 让用户心理得到平衡

当遇到店铺忘发货或发货不及时的情况时,部分用户认为等待的时间过长,增加了时间成本,所以会因为遭受了损失而心理不平衡。对此,客服需要采取一些方法,让用户的心理得到平衡,这样安抚用户的情绪也会变得简单一些。例如,客服可以告知用户,相关责任人已经得到处罚,或者店铺会针对用户的损失给出一些补偿。

12.1.2 少发货或者发错货

用户在收到货时,发现商家少发货或发错货,就会觉得购物的体验感不够好。虽然店铺少发货或发错货的概率比较低,但是部分用户还是会遇到这种情况。

【案例展示】

案例1

客服:喂,请问是马先生吗?

用户:找我有何贵干?

客服:马先生您好,我是×××店的客服。刚刚了解到您对小店进行了投诉,非常抱歉,这次购物给您带来了困扰。

用户:我在你们店买了5斤装的枣果,结果只发了3斤,你们这么坑用户,我觉得光投诉还不够,你道歉也不好使。

客服:非常不好意思,因为发货的同事错将3斤装的枣果当成了5斤的,这才造成了误会。毕竟每个人都有犯错的时候,还希望您能大人不记小人过。

用户:你的态度还算可以,但是把3斤的当成5斤发,难道我就要吃这个亏?

客服:您放心,这件事都是小店的错,小店愿意承担全部责任。为了表达歉意,小店将再为您发一件3斤装的枣果。也希望您可以看在我们这么有诚意的分上,帮忙把投诉撤销了,不胜感激。

用户:好吧!看你态度还不错,我就帮你把投诉撤销了吧!

案例 2

客服：非常抱歉，由于发货同事的失误，给您发错了货。还希望您能原谅小店的无心之失，帮忙把投诉撤销了。

用户：我写的是白色鞋子，你们给我发了双黑色的。难道你一句道歉我就要撤销投诉吗？

客服：真的很不好意思，因为发货的同事错将您与另一位用户的订单搞混了，才会出这样的乌龙。这件事都是小店的责任，小店愿意全力配合您换货，由小店承担往返运费，并且赠送您一双袜子以示歉意，还希望您可以帮个忙。

用户：好吧，看在你的态度还算诚恳的分上，我就原谅你们了。

以上为两位客服与用户沟通的案例，在这两个案例中，用户分别因为少发货和发错货对店铺进行了投诉。两位客服都及时与用户取得了联系，在沟通过程中多次主动表达歉意，并针对用户的损失采取相应的举措进行补救。而用户在看到客服的态度之后，都同意撤销投诉。

【技巧解析】

1. 主动表达歉意

既然用户都已经对店铺进行了投诉，就说明用户已经认定少发货或错发货是店铺的错了。因此，客服一定要主动向用户表达歉意，并表示愿意为此承担责任。只有如此，用户才会愿意与你沟通，接受你的解决方案。

当然，如果少发货或发错货不是店铺造成的，客服在沟通过程中也需进行必要的解释。但是，这个解释必须放在用户态度缓和之后，否则，用户可能会认为客服只是在推卸责任。

2. 积极进行补救

无论是少发货，还是发错货，都给用户造成了损失，所以客服要采取相应的措施，对用户的损失进行补救。例如，客服可以给用户发红包作为补偿，或者赠送一些优惠券。

12.1.3　产品与描述差距较大

主播在直播时，可能会用到比较夸张的语言来描述、讲解产品，强化产品的优势，导致用户对产品的期望过高。当用户收到产品后，发现产品和主播所描述的差别比较大，就会认为主播是在欺骗自己。因此，当产品与主播的描述差距较大时，有的用户可能会对店铺进行投诉。

售后服务：提升用户的忠诚度　第12章

【案例展示】

客服：王先生您好，我是××店的客服小晨。刚刚我了解到，您因为产品的描述和实际有差距进行了投诉，请问是这样的吗？

用户：投诉你们怎么了！我在你们店铺买了一张桌子，你们的主播说拼装起来很简单、很方便，结果我收到产品之后，拼了两个小时都没有拼起来，而且桌子的色差很严重。

客服：非常抱歉，这次购物给您带来了不愉快。我给您发个视频，您看过视频之后，就能快速掌握拼装的方法了。关于色差问题，产品在直播间灯光的照射下，颜色看起来与实际会有一点儿差别，这是很正常的。

用户：有视频不早点讲，搞得这么麻烦，浪费我的时间。

客服：实在是不好意思，是我们考虑不周。

用户：所以，我不应该投诉你们啰？

客服：如果我遇到您这种情况，可能也会选择投诉。这件事我们也应该承担一部分责任，如果我们在产品描述中对这些问题进行说明，也就不会出现误会了。看在我真诚道歉的分上，希望您可以对小店多一分理解，帮忙撤销对小店的投诉。

用户：我不是不讲理的人，你的态度这么真诚，我会撤销投诉的。

以上为某客服与用户沟通的部分内容，用户收到产品之后，认为很难拼装起来，而且产品的色差严重，所以觉得主播是在欺骗自己，并对店铺进行了投诉。面对这种情况，客服先是真诚地道歉，然后给了一个合理的解释，用户在看到客服如此真诚地请求自己原谅，便同意了撤销投诉的请求。

【技巧解析】

1. 给出合理解释

当产品的描述与实际差距较大时，用户会觉得主播是在欺骗消费者，并因此对店铺进行投诉。对于这种情况，客服需要做的就是给出合理的解释。用户之所以会认为描述不符合实际，很可能是没有理解主播的意思。在这种情况下，客服只需给出合理的解释，用户自然也就能够理解了。

2. 请求用户理解

无论是因为主播对产品的描述与实际有出入，还是因为用户曲解了产品介绍中的信息，店铺都需要承担一定的责任，而客服也不能要求用户认错。即使是用户的错，客服也需要给用户提供一个台阶。

12.1.4　产品在运输时被破坏

产品在运输时可能会出现损坏，当用户收到损坏的产品时，心情肯定是非常糟糕的。面对这种情况，客服要安抚好用户的情绪。

【案例展示】

客服：刘小姐，您好！我是×××店的客服，刚刚了解到您因为产品被破坏对小店进行了投诉，特此过来向您了解一下情况，还希望您能花几分钟配合一下。请问您是什么时候发现产品被破坏的呢？

用户：我买了一套陶瓷碗，打开快递一看，发现大部分碗都已经碎了。

客服：您的做法，小店是可以理解的，毕竟此事小店也需要负一定的责任。但是，这些产品在发出时都是完好的，而陶瓷又是易碎品，所以一定是在运输过程中没有轻拿轻放才损坏的。

用户：我也知道是在运输过程中损坏的，但是你们要为这件事负责，如果包装得足够好，就不会出现这种情况了。

客服：您说得很对，小店愿意为此事承担全部责任。不过，您在收货时应该检查一下，如果出现产品损坏的情况，您可以选择拒收。这样不仅您可以更好地维权，也方便小店追究快递方的责任。当然，现在最重要的还是帮您解决问题。您看这样好不好，小店为您重新发货，您帮个忙把投诉撤销了？

用户：你说的也有一定的道理，那好吧！只要你们重新发货，我收到的货没有问题，我就撤销投诉。

以上为某客服与用户沟通的部分内容，用户打开快递之后，发现产品损坏了，所以一气之下对店铺进行了投诉，试图以这种方式进行维权。客服先是通过询问了解了事情发生的原因，然后主动表示店铺会为此承担责任，并对问题的出现进行了必要的分析，让用户意识到自身也有做得不够好的地方，从而说服用户撤销了投诉。

【技巧解析】

1. 了解产品破损的具体原因

用户在投诉店铺时，更多的是关注商家是否会赔偿自己的损失。而客服却需要了解事情发生的原因，并将之告知用户。这一方面是为了给用户一个解释，另一方面也是为了不失去用户对店铺的信任，维护店铺和主播在用户心中的形象。

产品在运输过程中出现损坏，可能是因为包装做得不到位，所以店铺也需要承担一定的责任。但是，客服人员为了维护店铺的形象，需要给用户一个合理的解释。具体来说，网购产品破损的原因有3个，如图12-1所示。

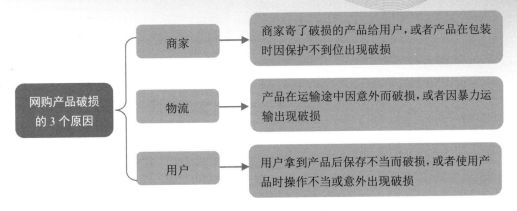

图 12-1　网购产品破损的 3 个原因

2．提醒用户检查后再签收

主播可以在直播时提醒用户收货时先检查产品，再进行签收，这样不仅可以避免一些不必要的麻烦，还能更好地维护自身的权益。

12.2　解决售后问题的沟通技巧

在解决售后问题的过程中，客服很可能会遇到部分用户处处为难自己的情况，这无形之中增加了客服沟通的难度。此时，客服要想成功地解决售后问题，就得学习和掌握一些沟通技巧。

12.2.1　及时着手解决问题

客服在处理售后问题时，要注意时效性，收到用户的反馈之后，就要快速地解决问题。用户的耐心是有限的，一旦客服没有及时帮助自己解决问题，用户可能就不会再去直播间下单了。

【案例展示】

案例 1

客服：喂，马先生您好！
用户：你是哪位？我好像不认识你。
客服：您好，我是×××店的客服小依，我了解到您对小店进行了投诉，不知道能不能麻烦您说一下具体情况呢？

用户：我都投诉了一个多星期了，而且投诉之前联系过你，既然你们这么不重视，我觉得也没有必要沟通了，你也不要妄想让我撤销投诉了。

案例2

客服：您好，请问是戴先生吗？

用户：请问您是哪位，找我有什么事？

客服：您好，我是客服小慧。看到您刚刚投诉了小店，不知道是什么原因呢？

用户：你们这售后处理的速度倒是挺快的，刚投诉完你们就找到了我。

客服：那是自然，您是小店的重要用户，您的看法就是小店的一面镜子，您的投诉小店自然要第一时间进行处理啊！

用户：你们处理投诉的速度和态度还不错，只要你帮我解决了问题，我可以考虑撤销投诉。

以上为两位客服与用户沟通的案例，同样是面对用户的投诉，因为客服处理问题的效率不同，所以沟通的结果自然也有很大的差异。

案例1中的客服等投诉过了一个星期才联系用户，这让用户觉得店铺对自己非常不上心，所以得知客服的来意之后，便直接表示自己不会撤销投诉；而案例2中的客服在得知投诉之后，第一时间就联系了用户。正因为该客服处理问题的速度比较快，用户看到了店铺对自己的重视，所以愿意和平解决问题。

【技巧解析】

1. 主动着手处理问题

在投诉之后，大多数用户都不会直接联系店铺。但事情的解决总是要有一方主动，更何况在面临投诉时，店铺处于弱势地位，如果客服能够用积极主动的态度去打动用户，那用户自然就同意撤销投诉了。

2. 第一时间取得联系

用户对店铺进行投诉，一方面是表达自己的不满，另一方面也是希望引起店铺的重视，从而更快地解决问题。客服如果能在第一时间联系用户，用户会更愿意与客服进行沟通。

12.2.2 耐心倾听对症下药

用户选择进行投诉，就说明他对购物体验是不满意的。因此，客服与用户沟通时，用户可能会对店铺的产品和服务有一些抱怨。此时，客服需要耐心倾听用户的抱怨，才能找到问题，对症下药。

【案例展示】

客服：张先生您好，我是×××店的售后客服小高，刚刚看到您反馈了一些问题，还投诉了小店，所以打电话过来向您了解一下情况。

用户：我告诉你，就你们这产品和服务，我觉得只投诉还算客气了。你也别来烦我了，说再多也只是浪费大家的时间。

客服：服务和产品未能让您满意，全怪小店工作不够周到，小高对此表示抱歉。但是，有问题还是要解决的，您不妨给小高一根烟的时间，说不定我们能通过沟通实现共赢呢？

用户：我在你们店买了一瓶咖啡粉，写好的是要纯黑咖啡，你们发了一瓶香醇咖啡，喝了一次我才发现味道不对，后来才看到咖啡粉还有两个月就到期了。另外，你们承诺赠送的咖啡伴侣我也没看见影子。就这种情况，投诉你们难道不应该吗？

客服：您的心情我可以理解，可能小高遇到这种情况也会做出和您相同的决定。对于小店工作的失误，小高在此向您致歉。

用户：那你说这件事要怎么解决呢？

客服：小店愿意一力承担您的损失，重新给您发一次货，并赠送一小瓶咖啡粉当是赔罪。希望您看在小店知错就改的分上，帮个忙，把投诉撤销了。

用户：个别的工作失误也是可以理解的，你的服务态度还算不错。我也不是不讲理的人，如果你们能给我重新发货，我不仅会撤销投诉，还会考虑给你们一个好评。

客服：您放心，小店一定不会辜负您的信任。

用户因为店铺发错了产品且产品快过保质期了，所以对店铺进行了投诉。面对用户的投诉，客服很有耐心，他先是引导用户说出了遇到的问题，然后再以赔偿表示了歉意。最终，用户被客服的态度打动，表示愿意撤销投诉。

【技巧解析】

1. 耐心倾听

让用户撤销投诉并不是一件容易的事，即便用户在沟通过程中有诸多抱怨，客服也要耐心地倾听。具体来说，主播在倾听用户的抱怨时，需要注意以下几个问题，如图12-2所示。

2. 重复确认

在耐心倾听了用户的反馈后，客服可以抓取用户语言中相应的关键字，然后再通过重复用户的话语来确认其遇到的问题。对用户反映的问题进行重复是尊重用户的一种体现，这样更能获得用户的好感，从而提高处理售后问题的成功率。

```
                          ┌─ 不随便打断用户，随便打断用户是一种
                          │  不礼貌的行为，可能会给自己带来损失
                          │
         倾听用户抱怨时 ───┼─ 要沉得住气，听完用户的抱怨后再解答
         的注意事项        │  疑问，不要急于解释
                          │
                          └─ 用户反映的问题较多时，为避免遗忘，
                             要做好笔录
```

图 12-2　倾听用户抱怨时的注意事项

12.2.3　态度友好积极配合

当用户投诉时，不管责任在谁身上，客服都要直面问题，并积极配合用户解决问题，展现敢于担当的形象。

【案例展示】

案例 1

客服：请问是章先生吗？

用户：我是，你有什么事吗？

客服：我是×××店的客服小李，这次打扰您，就是希望您能撤销对小店的投诉。

用户：几百块钱的产品，质量还没有几十块钱的好，你觉得我不应该投诉吗？还有，你说撤销就撤销，凭什么？

客服：您也知道小店只是负责销售，质量是生产商的问题。而且小店这件商品的价格比一般的店铺要低一些，您这样给小店一个差评是不是不太好呢？

用户：就你这不愿意担责的态度，你确定是让我撤销投诉，而不是让我再投诉一次？多说无益，懒得和你浪费口水了。

案例 2

客服：喂，请问您是涂先生吗？

用户：我是，不知道你找我有什么事？

客服：涂先生您好，我是×××店的客服小麦。刚刚看到您对小店进行了投诉，不知道是哪些地方让您觉得不满意呢？还请您告知一二。

用户：我在你们店购买了 A 产品，拿到手后感觉质量和几十块钱的货差不多，而你们却卖几百块钱，就这个性价比，我有理由相信你们是在欺骗消费者。

客服：小店的产品没能达到您的预期，小麦深表歉意。对于这件事，小店愿意一力承担所有责任，无论您是选择退款，还是换货，小店都可以接受。只是现在产品卖的是品牌和做工，虽然这款产品您感觉质量一般，但是它也有很多其他产品无法比拟的优势。

用户：我当时买这件产品看中的就是这个品牌，我投诉也只是想要个说法。这几百块钱的东西我也懒得退了，你放心，问题既然解决了，我会撤销投诉。

客服：那就太感谢您的支持和理解了。

以上为两名客服与用户沟通的案例，面对同样的问题，两位客服处理问题的方式不同，最终呈现出了完全不同的沟通效果。

案例1中，客服面对问题，想的是推卸责任，很显然用户并不买账，而且客服可能会因为态度不够好，再收到一次投诉；而案例2中，客服在得知问题后，第一时间表示愿意担责，并晓之以理，动之以情，在没有做出额外补偿的情况下便获得了用户的谅解。

【技巧解析】

1. 找到问题所在

要解决问题，客服首先就要知道问题到底出在了哪里。虽然走到投诉这一步，用户心中都是有怨气的，但是因为性格不同，用户在沟通过程中也会呈现出明显的差异。一部分用户的抱怨比较多，他们会将重点告知客服，对于这类用户，要找到问题是比较容易的；还有一部分用户被怨气冲昏了头脑，不愿意说出具体问题，对于这类用户，客服就需要通过语言的引导找到问题。

2. 主动承担责任

客服要就相关问题主动承担责任，让用户看到你的态度。这并不是说客服一定要做出多大的赔偿，但是至少要让用户觉得你是认真在解决问题。只有这样，用户才能过了自己心里那道坎儿，答应客服撤销投诉。

12.2.4 根据评估赔偿损失

用户投诉店铺，或者向客服反馈自己购物时遇到的问题，目的是给客服人员压力，让客服承担自己的损失。对此，客服要根据用户的描述，对用户的损失进行合理的评估，并以店铺的名义承担相应的责任，给予用户一定的补偿。

【案例展示】

客服：赵先生，您好！我是×××店的客服小同，您刚刚反馈，在我们的直播间购买了一瓶乳液，收到货时发现乳液的包装破损了，这次给您打电话，就是想向您了解一下情况。

　　用户：你看看我给你发的图片，乳液就只剩下半瓶了，你说，现在该怎么办呢？

　　客服：实在是不好意思，由于乳液的包装是玻璃材质的，所以会出现这种情况。

　　用户：我不能白花了这300元啊，那现在你们打算怎么解决呢？我可是你们的铁粉，要是不给我一个说法，我直接取关了。

　　客服：您消消气，产品破损确实是售后工作人员的责任，他们没有做好预防措施，我们给您重新发一次货，并给您赠送一些赠品，您觉得怎么样？

　　用户：可以，看在主播的面子上，我就不投诉你们了，尽快给我发货吧！

　　客服：那您看这样好不好，我们给您重新发货，就当是给您赔罪了。您收到货之后，可以给我们一个好评吗？

　　用户：行吧！

　　以上为某客服与用户沟通的部分内容，用户收到了破损的产品，要求客服给自己一个合理的解释。面对用户的质问，客服评估了用户的损失，决定给用户重新发货，并赠送一些赠品，希望能够消除用户心中的不满。而用户看在主播的面子上，不但接受了客服的提议，还承诺会给出好评。

【技巧解析】

　　1. 进行合理评估

　　损失评估是对用户做出赔偿的重要依据。一方面，赔偿低于损失，可能无法打动用户；另一方面，赔偿太多，从店铺的角度来看，是划不来的。因此，客服根据用户的损失进行合理评估就显得尤为重要了。

　　2. 赔偿要体现诚意

　　既然客服愿意为用户的投诉买账，也对用户的损失进行了评估，那么要让用户撤销投诉，就应该在赔偿损失方面体现出一定的诚意。也就是说，客服需要做出略高于用户损失的赔偿。这一方面可以让用户的心理更平衡，另一方面也能让用户明白客服是真心想解决问题。

12.2.5　礼貌道别获得好感

　　用户既可能因为客服在沟通中的某个细节同意撤销投诉，也有可能因为细节问题对客服反感，甚至将原来答应的事都作废。因此，即便用户答应撤销投诉，客服也要为用户营造良好的沟通氛围，其中，礼貌道别很显然是不可或缺的。

【案例展示】

客服：非常抱歉，由于小店的工作失误，给您带来了困扰。对于这件事小店愿意承担全部责任。

用户：那你倒是说说，准备怎么承担责任吧！

客服：确实这件事的全部责任都在小店，还给您造成了损失。对此，小店愿意给您重新发货，并赠送一些物品当作补偿，您觉得怎么样？

用户：看在你态度还算不错的分上，这方案我倒是可以接受。

客服：还希望您看在主播的面子上，能对小店多一分理解，帮忙把投诉撤销了。

用户：这个当然，既然接受了你的方案，我自然会撤销投诉的，只要你处理得好，给个好评也不是大事。

客服：实在是太感谢您了！那我就不再打扰了，感谢您的支持和理解，也祝您生活幸福美满！有机会再联系您。

用户：也祝你工作顺利，那就有机会再联系了！

以上为某客服与用户沟通的部分内容，客服说动用户撤销投诉之后，对用户表达了感谢和祝愿。客服的这一举动在用户看来无疑是非常"懂事"的。所以，在沟通的结尾，用户的态度明显柔和了不少，而且还祝福客服工作顺利，这就说明用户对客服已经有一些好感了。

【技巧解析】

1. 使用礼貌用语

无论何时何地，客服在与用户沟通时都需要使用礼貌用语。礼貌用语不仅反映的是客服的素质，更会对整个沟通造成一定的影响。比起达到目的便忽视用户感受的客服，一个懂得使用礼貌用语道别的客服，往往更容易获得用户的好感。

2. 把握道别时机

无论是做什么事，对时机的把握都是非常重要的，礼貌道别也是如此。在用户闲暇时，请求用户撤销投诉还可视为与用户正常聊天，对用户也不会造成不利影响。但是，如果知道接下来用户有事情要做，客服就必须把握时机，抓紧与用户道别了。

12.3 售后服务不可触碰的禁区

在提供售后服务的过程中，有一些禁区，一旦触碰就有可能把事情弄得更加不可收拾，客服人员一定要特别注意。本节笔者将通过具体案例，讲解售后服务中的四大禁区。

12.3.1 言语相激

在售后沟通的过程中，用户闹情绪，说出一些不太好听的话是很正常的事情。客服要想让用户撤销投诉，就需要好好沟通，让用户看到你的态度和诚意。部分客服在沟通过程中觉得用户说的话"忍无可忍"，所以便言语相激。这样虽然在言语上占据了上风，但是却让撤销投诉变得不可能。

【案例展示】

客服：冯先生，您觉得小店的产品不如预期，所以对小店进行了投诉，请问是这样的吗？

用户：我家的抹布都比你们的衣服好看，就这设计和质量，估计扔在大街上，流浪汉都不会要。就这种东西你们还敢拿出来卖，你们的心是黑成什么样了！

客服：我过来是想解决问题的，您这样说我们的产品有些过分了吧！

用户：就你们卖的这些破烂货，还不让人说了。

客服：你就不应该姓"冯"，改姓"疯"算了。不满意就不满意，你有必要一直不停地说些乱七八糟的话吗？我看你是脑袋有问题，我劝你也别坐着了，赶紧去医院看看吧！说不定有万分之一的机会能治好！

用户：就你这素质还当客服，帮你撤销投诉我都对不起自己。咱们走着瞧，看看谁先低头。

以上为某客服与用户沟通的部分内容，用户因为对产品很不满意，所以当客服与其取得联系之后，用户受负面情绪的影响，说出了很多不太好听的话。面对用户言语上的不客气，客服刚开始还是有礼貌地进行询问，但是在看到用户一味地骂店铺之后，客服的情绪也爆发了。于是，沟通变成了对骂，客服也成功地激怒了用户。

【技巧解析】

客服的态度是成功解决售后问题的关键，无论在怎样的情况下，客服都要友好地对待用户，即便用户不太友好，客服也不能言语相激。解决售后问题一定是需要用户配合的，当用户受到负面情绪影响时，肯定是不愿意配合的。在这种情况下，客服就需要多给用户一点时间，用自身的态度来打动用户。

12.3.2 推卸责任

在与用户沟通时,部分客服认为店铺愿意承担的责任越大,用户在沟通过程中索取的就会越多。因此,他们会采取推卸责任的策略来增加谈判的筹码,从而用尽可能小的代价解决售后问题。

殊不知,在解决售后问题的过程中,用户希望看到的是一个负责任的店铺形象。当客服一味地推卸责任时,用户会觉得店铺毫无担当,在这种情况下,沟通将难以进行下去。

【案例展示】

客服:亲,您好,我是×××店的客服小杨,刚刚了解到您因为收到的水果烂掉了,对小店进行了投诉。小杨将代表小店帮您解决售后问题,还希望您可以花几分钟的时间配合一下。

用户:你们声称的新鲜水果我没看到,我只知道收到的是一堆烂水果。你说说,这种情况我难道还不该投诉吗?

客服:您下单的时候正值快递高峰期,而且您的收货地址也比较偏僻,再加上快递运输车在路上出了故障,也耽误了一些时间,所以,虽然小店做了保鲜工作,但是因为运输时间过长,保鲜效果失效了。

用户:所以这件事只能怪运输时间太长,我应该去找快递公司维权喽!

客服:另外,您本身也有一定的责任,如果您能够在签收之前做好检查工作,看到水果腐烂就拒收的话,小店还能帮您向快递公司要说法;现在证据也没有了,事情还真不好办了。

用户:那你们店铺就没有一点儿责任,是吧?

客服:本来就是啊!您看小店都做好了保鲜工作,但是运输时间实在太长了,再好的保鲜措施也不能起到这么久的作用。水果本身已经比较熟了,所以在运输过程中坏了也不能怪小店,您说是不是?

用户:你真厉害,把责任推得一干二净,既然你这么不愿意负责任,我看也没有再谈下去的必要了。

以上为某客服与用户沟通的部分内容,用户在收到快递之后,发现店铺承诺的新鲜水果已经因为运输时间过长全部腐烂了,所以对店铺进行了投诉。客服在看到用户的投诉之后,虽然主动与用户取得了联系,但是试图将责任全部推卸到快递公司和用户身上。而用户在听到客服的表达之后,觉得客服是在一味地推卸责任,并表示不愿意再谈下去了。

【技巧解析】

1. 不要"甩锅"

当客服将黑锅甩给他人的时候，用户会觉得你不愿意负责任。而对于不愿意负责任的客服，用户通常的反应是"没必要再谈下去了"。这样一来，沟通势必无法获得应有的效果。所以，客服在沟通过程中，不仅不能"甩锅"，还应该主动"背锅"，让用户看到你对解决售后问题的诚意。

2. 不与用户争辩

在解决售后问题的过程中，客服应该尽可能顺应用户的心意，只有这样，用户才会变得更好说话，从而增加劝说撤销投诉的成功率，所以客服最好不要和用户争辩。本小节的案例中，面对"你们店铺就没有一点儿责任，是吧？"的质问，客服给出了其认为合理的解释，但是在用户看来，这完全是在狡辩。

12.3.3 拒不配合

在实际生活中，仍有部分客服在处理售后问题时，为了维护店铺的利益，拒不配合，而结果就是用户的投诉还在，客服与用户进行的沟通变成了一种无用功，甚至是起到了负面作用。

【案例展示】

客服：何小姐，您好！我是×××店的客服小邓。了解到您因为少发了货对小店进行了投诉，小邓特此过来帮您解决问题。

用户：我在你们店买了20双丝袜，你们只发了19双，数量都不对，你说我该不该投诉？

客服：非常抱歉，因为发货的同事数错了，才出现了这样的情况。给您带来了困扰，真的很不好意思。

用户：难道道歉就完事了？我的实际问题没有得到解决，你这不是在逃避吗？

客服：本来少发了货是要补足的，但您也知道，一双丝袜就那么点钱，如果补发，邮费比产品还贵，这肯定是划不来的。而且小邓觉得让您特意去领只有一双袜子的快递，也有些说不过去。

用户：领不领是我的问题，但是你这种逃避问题、拒不配合的态度，我却不能忍受，看来这个投诉真没给错。

以上为某客服与用户沟通的部分内容，由于店铺中相关人员的工作失误，导致给用户少发了货，而用户则因为货物的数量不对对店铺进行了投诉。面对用户的投诉，客服觉得一双袜子的价值比较小，所以想通过道歉了事。但是，在用户看来，这是在逃避问题，因此用户没有撤销投诉的打算。

【技巧解析】

1. 不要逃避

在沟通解决售后问题的过程中，无论面对怎样的问题，客服都应该直接面对，而不能让用户觉得你是在逃避。否则，用户会认为客服不愿意配合解决问题，那么沟通很可能不会获得预期的效果。

2. 配合解决

用户也是因为有问题才会投诉，只要问题解决了，用户自然会愿意撤销投诉。在解决售后问题的过程中，无论用户面临的是什么问题，客服都要配合进行解决。这是解决售后问题应有的态度，至于用户采不采纳那就是另一回事了。

12.3.4 放任不管

如果对售后问题放任不管，用户可能会认为店铺对自己不够重视，这样一来，解决售后问题的难度会成倍增加。

【案例展示】

(某客服因为事情比较多，没有及时查看用户的售后反馈，等用户的反馈过了十多天之后才看到。)

客服：请问是胡先生吗？我是×××店的客服小雪，了解到您对小店进行了售后反馈，小雪想向您了解一下情况。

用户：都过了十多天了，现在才来联系我，既然这么不重视这件事，我看也没有再谈的必要了。

客服：非常不好意思，因为最近小店的事情比较多，所以很少查看用户的反馈，现在才看到您的反馈。

用户：我不管是什么原因，既然你们一直对售后反馈的问题放任不管，那现在也没有解决的必要了。

以上为某客服与用户沟通的部分内容，用户进行售后反馈后，客服因为店铺中事情比较多，没有及时查看反馈信息。因此，直到用户的反馈过了十多天之后，客服才开始解决售后问题。因为等待的时间比较长，用户认为店铺对于自己的反馈不够重视，所以即便客服已经说明了原因，用户仍旧表示为时已晚，没有再解决的必要了。

【技巧解析】

1. 及时查看

客服如何保证在用户反馈售后问题之后,尽快联系并着手进行解决呢?其中一个简单、有效的方法就是及时查看用户的反馈信息。为此,负责解决售后问题的客服需要定时查看用户的反馈信息,而且每次查看的时间间隔不宜太长。只有这样,客服才能在用户反馈问题之后,及时进行解决,给用户留下良好的第一印象。

2. 主动一点

除了发现反馈信息较晚之外,客服不够主动也是导致解决售后问题不及时的一个重要原因。部分客服在看到用户的反馈信息之后,可能觉得比较头疼,所以想过一段时间再处理。

对此,客服需要明白一点,问题迟早都是要解决的,而且越早解决,越容易获得成功。因此,与其一直拖着不解决,倒不如主动一点儿,在第一时间与用户取得联系,并开始着手解决问题。